Удружење писаца Србије
и окружења

ЛЕПОТА ПИСАНЕ РЕЧИ

ЗБОРНИК

2015.

Удружење писаца Србије
и окружења
З Б О Р Н И К
За 2015.

Издавач
УДРУЖЕЊЕ ПИСАЦА СРБИЈЕ
И ОКРУЖЕЊА

За издавача
Војислав Стаменковић

За издавачки савет
Проф.др Милан Ђ.Плавшић

Главни и одговорни уредник
Будимир Стојковић

Лектор
Милош Цицмил

Фотографије и дизајн корица
Драган Лазаревић – Лаза

Припрема за штампу
Драган Стаменковић

Штампа
ПХАРМАЛАБ - БЕОГРАД

Тираж
100

ISBN 978-86-89897-07-4

ПРЕДГОВОР

Зборник је нешто више од обичне књиге. У овом Зборнику је више аутора. То је наше заједничко дело, заједничко књижевно стваралаштво, па већ по томе је више од једне књиге. У њему су одабрани текстови најјачи и најдубљи по садржају.

Ко год држи у руци овај Зборник, упознаће нас и наше целокупно књижевно – уметничко стваралаштво. Ми знамо да нам је тај истински пријатељ, пријатељ по срцу и од срца, видеће да ми негујемо култ књиге.

Када се чита овај Зборник доживи се чудновато осећање, лепота помешана са доживљајем уметности, јер је садржај извиривао из дубине душе, а то може само уметност.

Неки текстови су писани из заноса па ћемо тако у Зборнику препознати и романтичне душе.

У нашем стваралаштву живот се прелива у стихове и прозу. То је лепота, осећајност и хармонија. Зато смо и назвали овај Зборник ЛЕПОТА ПИСАНЕ РЕЧИ. Види се да ми своје мисли искрено преводимо у стихове, и својој моћи опажања у романе, приче и остале жанрове. То смо ми аутентични писци-књижевници. Уз наше текстове може се волети, веселити, туговати и промишљати о животу.

Може се рећи да текстови у овом Зборнику све више и боље одређују књижевни и духовни профил писаца. Не може се рећи да су текстови вредни, не бар сви, бучних хвалоспева, али делују као осмишљено уметничко књижевно стваралаштво.

Стваралаштво у књижевности је озбиљан догађај, то је посао који извире из душе. Душа се не може убити. Мисли се не могу заробити. Човек може у мислима грлити и миловати независно од сваке спољне препреке.

Чланови нашег Удружења све више напредују и све квалитетније пишу. Тиме више стичу искуства, а без искуства нема знања и умећа. Тако наше Удружење за чланове има значајну улогу.

Зборник изражава и разне књижевне утицаје у више жанрова који својом индивидуалношћу обележавају једно време, једну климу духа. Кроз песму и причу сликају и трагедију у рату, и на рат гледају као извор свих зала. Такви текстови оптужују и опомињу. Чланови који су то доживели и преживели живи су сведоци.

Разноврсност тема чине богатијим овај Зборник. Те теме изражавају сентименталност а описују и ужасне и стравичне трагедије.

У тим описима може се наћи:

-Скривена чежња за прохујалом младости и љубави,

-Чежња за људском срећом,

-Има састава који прелазе са просечног живота на причу о људској судбини,

-Има аутентичних доживљаја и искустава,

-Има најдубља осећања покренута трагичним догађајима.

Све је то никло из душе писаца.

У Зборнику смо унели само неке од великана српске, руске и енглеске књижевности, њихове биографије, фотографије и делове њиховог стваралаштва, да нам буду путоказ и светионици у нашем књижевном раду и даљем усавршавању.

Наше Удружење зове све оне да нам се придруже који имају порив, склоност, чврсту жељу и јаку вољу за писање, били млади или старији. Треба без предрасуда ући у свет књижевности са надом да ћете написати бар једну књигу и да ћете је преко Удружења објавити. Жеља и нада је сигуран пут у књижевност.

Сви тако почињу.

Председник
Удружење писаца Србије и окружења
Војислав Стаменковић

Војислав Стаменковић – Воја

(1932)

Војислав Стаменковић рођен је 1932. године у селу Црквица у околини Лесковца.

Писањем се бави још од гимназијских дана. Пише поезију и прозу – песме, романе и новеле.

Школовао се у Лесковцу и Београду, одакле је отишао у Војну академију и у Армији је провео цео радни век.

Иако је зашао у године, духом је млад. Кажу: "Само је младост стваралачка. Ма у којим годинама, ако човек још ствара он је млад".

Одломак из новеле
ДОБРОВОЉАЦ ВЛАЈКО
у Топличком устанку 1917.

Следећи!

На овај позив испред повеће групе људи која је стајала пред улазом у зграду Општине Доње Коњувце, младић који је дошао на ред уђе и приђе столу на којем је наредник Петровић уписивао добровољце.

-Како се зовеш? – упита наредник.

-Влајко В. Стаменковић – одговори младић

-Одакле си?

-Из села Црквице.

Наредник унесе податке у списак и нареди:

-Дајте му пушку и нека стане у строј.

Погледа према младићу и упита:

-Стаменковићу! Колико имаш година?

-Непуних осамнаест.

Поред генералије о Стаменковићу наредник записа – малолетник. (Тада је био пропис да се пунолетност стиче у двадесет и првој години).

Осмог и деветог фебруара 1917. на југу Србије у Лесковачкој котлини у Пустој реци у селу Обилићу одржан је састанак на коме је донета одлука о дизању устанка. На састанку је присуствовало око триста устаничких вођа.

Устанак је букнуо пре него што је и донета званична одлука на састанку у Обилићу. Неизмерном жудњом за слободом за коју никада цена није скупа – овај народ је сам своја историја. Спонтано се спремао и дизао на устанак.

Тако је и Влајко, иако није био пунолетан, одлучио да се укључи у устанак. Схватио је да се треба борити и то је све.

Одмах по оснивању чета, већ половином фебруара, капетан Тошко Влаховић са својим људством, у чијем је саставу и Влајко В. Стаменковић, креће се доњим деловима Пусте Реке. Пушке се све учесталије чују на све стране, воде се жестоке борбе. Влајко са својом четом храбро иде из битке у битку, пламен устанка се све силније распламсава.

О тешким борбама говори и сам окупатор. Генерал Кутинчев обавештава првог марта Штаб оперативне бугарске армије о нападнутим и разбијеним бугарским јединицама.

Бугари нису били обични окупатори. Они су хтели да однароде, цео народ, да изврше потпуну бугаризацију, а ако то није могуће, онда да га униште. Ради тога се народ дигао на устанак. То је била самоодбрана. Глас о устанку ширио се као зараза.

Влајко, размишљајући о терору и насиљу окупатора, у његовој души је све више сазревала мисао на побуну која је снажно притискала свест. Цео југ Србије дигао се на устанак.

Влајко у строју устаника корача кроз крв и огањ борећи се за слободу поробљене земље. Против устаника су се борили не само Бугари и Аустријанци већ и чете Турака и Арнаута. Влајкова чета успешно води борбу са Бугарима уз мање губитке. Али устаници имају осећај да постоји нешто, веће и од њихове смрти, а то је слобода.

Око Влајка је зујећи падало стотину и стотину куршума у свим биткама. Једном приликом, један устаник који је пре неколико дана ступио у чету, погинуо је пред Влајковим очима, пао је ту поред њега. Влајко је гледајући то, тешко дисао, иако је крај фебруара, капи зноја натопиле су му кошуљу.

У борби са Бугарима између села Ивања и Савинаца, Влајкова десетина је држала положај на десном крилу према селу Каменици и Мрвешу. Устаници су били на источним падинама Радан планине а Бугари су у борбеном поретку у неколико ешалона наступали од села Речице, Савинаца, Црквице, Бојника, Каменице и Мрвеша.

Ешалон бугарских војника са моћним наоружањем и премоћи у живој сили, који је наступао из правца Мрвеша успео је да изненади и опколи део десног крила устаника где се налазила и Влајкова десетина. Они су покушали да изврше пробој према селу Ивање, али су одустали због великих жртава. Двадесетак бораца је заробљено међу њима и Влајко В. Стаменковић.

Влајко је остао жив у свим јуришима које је имао, и извукао живу главу испред стотину и стотину куршума, али је пао у заробљеништво.

Док су пали у заробљеништво, њима су предвиђене строге казне. Већ на путу ка Бугарској, у варошици Грделица кажњени су сурово, стрељано је 50% заробљеника.

Сви заробљеници на путу у заробљеништво морали су да прођу кроз варошицу Грделице, а одатле их је у најбољем случају само половина наставила пут, остали су убијени. Зато је Грделица у то време названа "српска касапница".

Десетак дана су задржани у Грделици где су неке заробљенике без реда и насумце ноћу изводили и сртрељали, То се непрекидно понављало сваку ноћ. Сваки од заробљеника је живео у сталној стрепњи и напетости дању, а посебно ноћу када ће на њега доћи ред. То је деловало крајње исцрпљујуће не само на разум него и на психу и снагу уопште.

Тужан је то парадокс. Лица су им била мирна,а у себи су носили страх и ужас.

После десет дана, из Грделице су наставили пут за Софију.

КРАТКЕ ЦРТИЦЕ О ЉУБАВИ ИЗМЕЂУ МУШКАРЦА И ЖЕНЕ

Још у Светом писму (Библија) љубав је описана у стиховима. Љубав је врло битна у животу живих бића.

"Ја сам створена да љубим а нисам створена да мрзим", каже Антигона у драми Софокловој.

Само се у љубави и у смрти људи могу изједначити, и да последњи стигне првог.

Љубав прати прегршт емоција – од усхићења до беса.

У младости се живи више у бунилу крви него у светлости ума.

Едгар По каже: "У хиљаду жена које смо волели, ми увек волимо само једну".

Готово слично и ја сам се спонтано држао тог принципа, који је био производ многих мојих познанстава. Нека цветају сви цветови. Забављати се са што више девојака, волети их, а на крају дође она права.

Ово су мисли неких људи и неке моје речи.

ОГЊИШТА ЖИВОТА

Откопчавам недра
Милујем ти груди
Моја душа жуди
Да их љуби једра.

Тело се твоје
Затеже све више
А дојке оштрије
Облике добише.

Чудесна топлота
Обузе нас двоје
Љубим дојке твоје
Огњишта живота.

ДЕЛА КОЈА ЈЕ ПИСАЦ ДО САДА ОБЈАВИО:

ЉУБАВНЕ УСПОМЕНЕ ОБИЧНОГ МЛАДИЋА – прва збирка песама.

МАМА ЖИВАНА – друга збирка песама.

ЛИНИЈА СМРТИ – опасна тршћанска криза, прва линија одбране – роман.

РОМАНТИКА – љубавни доживљаји младог официра – роман.

ХОД ПО ОШТРИЦИ ЖИЛЕТА – задаци и акције контра-обавештајца – новела.

ТА ПРОКЛЕТА ЛЕПОТА – измењено и допуњено издање – роман.

ДОБРОВОЉАЦ ВЛАЈКО – новела.

ГОСПОДАРИЦА ПЛАНИНЕ – жена међу вуковима – новела.

Укупно 9 (девет) књижевних дела.

Драган Стаменковић

(1959)

Рођен је у Загребу, Република Хрватска. Школовао се у Загребу где је и завршио основну и средњу школу. Живи и ради у Београду. Писањем књига интензивно је почео да се бави у последњих десет година и до сада је написао девет књига.

Прва књига коју је објавио била је **"Вицеви за сва времена"**. Уследила је књига **"Бање Србије"**. Следећу књигу написао је под називом **"Правилна исхрана дуг живот"**.

Како је пореклом по оцу Пусторечанин писао је и о овим просторима. Објављена му је књига **"Градови и насеља Јабланичког округа"**. Написао је монографију **"Медвеђа некад и сад"** и објављена шеста књига **"Кроз Бојничку општину"**. Седма књига **"Бање Србије – допуњено издање"**. Осма књига **"Србијом уздуж и попреко I и II део**. И девета књига **"52 викенда у Србији"**.

ОДЛОМАК ИЗ КЊИГЕ "52 ВИКЕНДА У СРБИЈИ"

БЕОГРАД

Сви путеви ка Белом Граду

Престоница Србије и метропола са скоро два милиона становника, **Београд**, лежи на **ушћу реке Саве у Дунав**. Захваљујући свом изузетном положају, град је од прадавних времена био раскрсница између Истока и Запада, Севера и Југа. Данас се у њему налазе најважније државне, културне и просветне институције, јак је индустријски центар, као и раскрсница најважнијих железничких и колских путева.

На путовање по Београду, ваља кренути од његовог најстаријег дела – **Београдске тврђаве и Калемегдана**. Ова тврђава наслоњена на беле стене на Ушћу, у око 7000 година колико постоји, освајана је 77 пута, више пута је рушена, да би је опет саградили. Данас је ту Војни музеј, Опсерваторија, Уметнички павиљон "Цвијета Зузорић", Зоолошки врт, шеталиште, излетиште, видиковац, спортски и забавни парк...

На Калемегдан су ослоњени и најстарији делови градског језгра, у коме свакако треба посетити: **Конак кнегиње Љубице** из 1831. године, **Саборну цркву**, зграду **Патријаршије** и **Манакову кућу**, као последњу стару варошку кућу, а у којој је данас смештена етнографска збирка. Неколико улица ниже је Бајракли џамија, најстарија богомоља у граду (1660-1688). У овом делу града су очуване и неке кафане старог времена, као што је **Кафана "?"** (1823). Необично име последње је у низу разних назива – "Томина кафана", "Код Пастира", "Код Саборне цркве". Како су се мењале газде, мењало се и име локала, а последњи назив није се допао свештеницима, па је, не знајући којим именом да назове своју кафану, тадашњи власник привремено ставио таблу "?". Гости су прихватили то име, и оно је остало све до данашњих дана.

У близини је и улазак у најпознатију београдску **улицу кнеза Михаила**. Пешачка зона, законом заштићена, један је од највреднијих градских амбијената, трговачка зона и седиште националних институција у којој су **Библиотека града Београда** у згради првог европејског хотела у Београду – "Српска круна" из 1869. зграда **Српске академије наука и уметности** и галерија САНУ, као и **Палата "Албанија"** (први београдски облакодер).

Мало даље, на **Теразијама**, налази се хотел "Москва", подигнут још 1907. године, испред којег је Теразијска чесма, из 1860. Ценећи јунаке своје дуге и богате историје, Београд је, у сећање на њих, изградио мноштво споменика њима у част. У центру, означеном као круг двојке, по најчувенијој београдској трамвајској линији бр. 2, споменици су Николи Тесли, Јосифу Панчићу, Светозару Марковићу, Доситеју Обрадовићу, Вуку Караџићу, а највећи споменик Кнезу Михаилу, обележава **Трг Републике**, од кога започиње и улица која носи његово име. На Тргу Републике, који је централно место окупљања Београђана, налазе се **Народни музеј** (1903) и **Народно позориште** (1869), као и баште бројних ресторана и кафића.

Неколико улица ниже започиње боемска четврт Београда – **Скадарлија**. Настала је крајем 19. века, када су и кафане у овој (Скадарској) улици, постале стециште београдских културних стваралаца и боема. Најчешће је пореде са париским Монмартром, и по изгледу, и по веселој атмосфери. У Скадарлији се стари дух и данас негује у бројним кафанама као што су "Три шешира", "Има дана", "Два јелена", "Скадарлија", "Златни бокал", "Два бела голуба". Овде можете, уз староградску музику, уживати у националним специјалитетима.

Београд има и два дворска комплекса. Један, који сачињавају **Краљевски и Бели двор**, налази се на Дедињу, док је други у самом центру, уз Пионирски парк. Њега чине **Стари двор**, саграђен 1882. за потребе Милана Обреновића, а у којем је данас Скупштина града, и **Нови двор**, зидан између 1912. и 1920. године, који је седиште Председника Републике Србије. У њиховој непосредној близини је и **зграда Народне скупштине** (1907), која заједно са каменим здањем у коме је Пошта чини складну архитектонску целину. Са овог места се улази у најдужу улицу у Београду – чувени Булевар краља Александра. На самом почетку Булевара је **црква Светог Марка** (1935), која се ослања на улаз у **парк Ташмајдан**. У цркви су гробови цара Стефана Душана, краља Александра и краљице Драге. Одмах иза ње, налази се и мала Руска црква.

Из сваког угла града може се видети **палата "Београђанка"**, која са своја 23 спрата има висину од тачно сто метара. Мало даље, на Врачарском платоу, је и највећи храм православља на Балкану – **Храм Светог Саве**, а уз њега и мала црква Светог Саве. Испред Храма налази се споменик Карађорђу, а десно је **Народна библиотека Србије**. Београд има петнаестак музеја, а сваке године, у јесен, одржава се традиционална "Ноћ музеја" када су капије свих ових институција отворене за посетиоце.

Преко реке Саве, налази се **Нови Београд** који је последњих деценија постао и пословни центар града. Ту су и "**Београдска арена**" и "**Сава центар**" у коме се организују многе манифестације. А, поред реке Дунав долази се до некадашњег Таурунума, данашњег **Земуна**, названог по земуницама у којима су живели његови први становници. Красе га **Гардош**. Кућа са сунчаним сатом, кућа породице Карамата, Ичкова кућа, Спиртина кућа (данас Завичајни музеј), кућа Димитрија Давидовића, Николајевска црква, црква Свете Тројице из 18. века, а на самој реци, зграда Старе капетаније. Одмах поред је и савршено шеталиште са бројним, углавном рибљим ресторанима.

У Туристичкој организацији Београда препоручују да се посети и **Винча**, на путу ка Смедереву, позната као једно од средишта светске цивилизације. Културни слојеви из неолита у Винчи говоре о великој насеобини која је трајала хиљадама година. Налази из Винче могу се видети и у Народном музеју, Музеју града Београда и на Филозофском факултету.

Београд је богат смештајним капацитетима, од најлуксузнијих хотела до врло квалитетних хостела, који могу да удовоље бројним посетиоцима **великих манифестација** са светском репутацијом – БЕЛЕФ, БЕМУС, ФЕСТ, Фестивал документарног и краткометражног филма, Октобарски салон, Београдски сајам књига...Последњих година Београд је познат и по августовском Карневалу бродова, Београдском маратону, Београдској ролеријади, Белграде Беер Фесту...Поред тога, главни град Србије има врло богат ноћни живот у чему предњаче сплавови на Сави, Дунаву и **Ади Циганлији**. Ада је, иначе, полуострво на Сави, 4 км од центра и најпопуларније је излетиште Београда. Ту има преко 50 спортских терена, међу којима су и голф терени и жичара за скијање на води. Београд има и **15 ловишта** и чак – **65 јавних паркова** (Калемегдански, Ташмајдански, Студентски, Карађорђев, Парк пријатељства, Хајд парк, Топчидер, Кошутњак...)

Планина **Авала**, позната је као први парк у Србији. Ту је, у првој половини 19. века, по наређењу кнеза Милоша, засађено више примерака свих врста дрвећа које расту у Србији. Ту је и **Споменик Незнаном јунаку**, дело Ивана Мештровића, посвећено јунацима Првог светског рата, а заштитни знак Београда, **Авалски торањ**, срушен у току НАТО бомбардовања 1999. године, поново је саграђен 2009.

Кошутњак, ''плућа града'', има и два спортска центра – СРЦ ''Кошутњак'' и СРЦ ''Пионирски град'', као и Филмски град са разним објектима за производњу филмова. На њега се наслања **Топчидер**, чије је уређење 1831. започео кнез Милош изградњом свог конака. Платани посађени око Конака до данас су сачувани.

Вукашин Луковић
(1956)

Рођен је у Јасеновачком Трудову, општина Нова Варош. Студије технике завршио у Чачку предавао у Београду где пише, слика и   ствара научна открића. Написао је деветнаест књига. Оглашава се у   књижевним новинама, годишњацима и алманасима. Све своје књижевне радове објавио је на друштвеној мрежи Фејзбук.

ПАС И ВУК

Стигла је зима, сеоски домаћин припремио зимницу за породицу и стоку. Његов амбар пун је жита, сено је зденуо крај штале, тор му је пун оваца и коза. Верни пас му чува кућу од лопова и стадо од звери. Пас сваког придошлицу најављује лајањем.

Једно предвечерје пас је дремао у својој кућици, стадо је безбрижно преживало у тору. Пас изађе из своје кућице јер осети да се неко шуња око сена. Кад пас уђе у котар примети зеца да се гости сеном. Пас појури зеца, он му умаче у омар. Он није хтео одустати од гоњења у нади да ће га стићи. Тек што је пас закорачио у омар на путу му се испречи вук. Неочекивано пас доби озбиљног непријатеља. Чекали су тренутак када ће почети двобој. Пас се мало помери у страну не би ли вук наставио трчати за зецом, није било вајде вук је и даље кидисао према њему. Пас се подреди вуку тако што поче умилно вртети репом. Вук када виде да пас не жели двобој он се примири. Пас још ближе приђе вуку па му рече:

-Вуче, зашто би се ми тукли? Туча је бесмислена, нас двојица у свему смо слични, могли бисмо да сарађујемо!

Вук саслуша пса па га упита:

-У чему би ми могли сарађивати? Ја живим слободан у шуми а ти имаш сеоског домаћина кога мораш слушати. Другар по изгледу смо слични а и ћуд можемо променити. Хајде да нас двојица за једно време променимо наше улоге. Ја ћу да идем у село а ти остани у шуми.

Вуче ја немам ништа против да променимо улоге, али ти мораш бити много умилни и присни са сеоским домаћином.

Шта бих ја требао да радим да би ме домаћин прихватио?

-Твоја обавеза би била да верно чуваш домаћинову кућу од лопова и његово стадо да му неко не плаши или да их не подави.

-Ауу...ауу, то ће ми бити право задовољство! Слушај ме другар, ни ми вукови нисмо без неке помоћи у нашем лову! Сви добро знају да ми вукови најчешће ловимо ноћу и то успешно. Ми не би били успешни да нам у томе не помаже месец са звездама.

-Како вам месец помаже у лову то ми није јасно?

-Другар када се месец и звезде појаве на небу ми се попнемо на највише брдо и почнемо завијати у глас, то је наш зов да нас они чују. Они имају моћ да испуњавају све наше жеље. Ти пошто не знаш да завијаш ти три пута лани, ав...ав...ав, они ће те чути и сигурно ће ти удовољити жељи. Пријатељу, ова ноћ у новим улогама нека буде пробна!

Вук и пас су у добром расположењу. Пас доведе вука у село крај своје кућице. Вук је помно слушао пса све шта треба да ради. На крају пас рече вуку:

-Вуче када се умориш од обиласка газдиног имања можеш слободно ући у моју кућицу и одморити се.

Ни вук није хтео остати дужан псу. Вук поче му причати шта треба да ради:

-Другар ја ти саветујем да одеш скроз тамо на оно треће брдо. То брдо је доста далеко од газдиног дома, попни се на његов врх па кад изађу звезде на небо ти лај онако како сам ти објаснио.

Те ноћи на небу није било звезда, пас није имао прилику да лаје и испита испуњење његових жеља. Вук је обилазио газдино имање, све је било у најбољем реду једино газда није добро затворио улазна врата тора. Њих двојица се договоре да нове улоге трају све до пролећа. После договора вук упита пса:

-Другар да ли да се састајемо сваке ноћи на овом месту или сваких седам дана?

Пас му одговори:

-За седам дана се видимо, надам се да ће до тада и звезде се појавити на небу. Другари су се срдачно растали. Вук када се врати у село, највише је проводио време у кућици свог пријатеља.

Једне од следећих ноћију, газда поново није добро затворио улазна врата тора. Те ноћи вук је пажљиво обилазио газдино имање. Кад је вук утврдио да газда и његова породица спавају тврдим сном он уђе у тор. Вук је клао браве, једну по једну. Када се он добро најео наставио је и даље да коље све док их није све поклао. Тако заклане, вук их је вукао у оближњу шуму. Газда када је то јутро устао прво је обишао тор, у тору није било стада. Он потражи пса, па кад ни њега није нашао он се сети да је вук прво удавио пса па потом ушао у тор и заклао стадо. Није имао времена тражити пса већ угледа крвав траг куда је вук вукао мртве браве. Пратећи крвав траг газда стиже до шуме. Газда се врати кући по пушку па крену у потрагу за вуком. Када је газда био у центру шуме сретне свог пса. Пас није знао шта се десило са стадом он упита газду:

-Газда, куда сте тако рано пошли?

-Зар ти не знаш шта се ноћас десило у селу?!

-Не знам газда!

-Вук је дошао у село, све задавио овце и козе у тору. Зар ти не видиш крвав траг куда их је мртве вукао? Где си ти био када је он дошао у село?

Љутито упита газда пса.

-Дошао зец у котар, јео сено. Ја га јурио по шуми небили га стигао, таман да га ухватим он скочи са једне стене у провалију и тако ми умакне.

-Цукело! Ја сам тебе задужио да чуваш кућу од лопова и стадо од звери а не да се ти јуриш са зецом!

У љутњи газда поче тући пса. Пас је цвилео. Све је то гледао из пећине вук и смејао се пасјој наивности. После батина пас подвије реп и даде се у бег, газда у љутњи скине пушку с рамена опали за псом, срећа његова на време је зашао за жбун.

МИШ И ПЕТАО

Свакога дана газда у исто време је хранио своје кокошке. Мали миш провири из своје рупе и примети да може да узме неко зрно кукуруза. Једнога дана кокошка Пирга примети да се нешто мрда испод гране руже. Она је хтела покљуцати и последње зрно које се подвукло под грану. Следећег дана такође је Пирга загледала испод грана али овога пута лепо је угледала миша. Његово свакидашње прикрадање поче да смета Пирги па крађу зрна кукуруза пријави петлу. Једне прилике док је газда посипао жито кокошкама за ручак, петао је помно пратио место одакле је долазио миш. Тек што се миш појавио петао му рече:

-Лопове, ја те данима пратим. Ти нам крадеш ручак, молим те да ти се то више не понови! Следећег дана поново се појави миш, једва је успео узети једно зрно кукуруза. Петао када га виде љутито му рече:

-Лопове ниси ме послушао, ако наставиш красти бићу принуђен да позовем мог пријатеља мачка он лако излази на крај са лоповима.

-Перо, ја сам гладан као и ти, дозволи ми да узмем које зрно, није ти баш до њега стало. Перо када будеш ти гладан ја ћу теби дати део од мог ручка!

-Бежи у рупу малени, зар си ти у стању некоме нешто дати?!

Миш се примири, тог дана није више излазио из рупе. Следећег дана опет се појавио миш када су послуживане са храном кокошке. Миш узе једно зрно кукуруза примети да мачак стоји са петлом близу њега. Срећа је била те је био покривен граном а и рупа му није била далека, једва успе да умакне мачку. И наредног дана појавио се миш на ивици своје рупе у тренутку када се њихов ручак завршавао. Миш се приближи петлу па му рече:

-Ти ниткове, што доведе мачка да ме поједе? Ово ти никада нећу заборавити, прва прилика када ми се укаже вратићу ти истом мером!

-Види, види малишана он још и прети! Не плашим се ја њега!

Петао се обрати кокошкама.

Миш понижен а још доведен у неприлику, он се досети како ће доскочити петлу. Следеће ноћи када су кокошке спавале у кокошињцу он дође до њих. Миш примети да су дрвена решеткаста врата кокошинца лепо затворена. Он почне глодати врата. Кокошке се уплаше. Од свих кокошака најхрабрији је био петао. Петао је закрештао свом снагом не би ли придошлицу уплашио. Миш се није уплашио, он га упита:

-Ко си ти што смеш у ово доба ноћи да нас будиш?

-Немирна ти ноћ петле! Перо што не спаваш чега се плашиш?

-Ко си ти?

-Шта мислиш ко може бити?

-Не интересује ме ко си, ако не одеш од тих врата одмах, лично ћу бити приморан да те отерам!

Поче да га плаши петао.

-Ја сам мали мишић!

-Који мишић?

-Ја сам онај мишић коме си ти радио о глави!

-Шта желиш од мене?

-Перо ја сам видео да ти немаш меко срце и да си кваран. Ниси ми дао ни једно зрно кукуруза иако си знао да сам гладан, већ си довео мачка да ме поједе!

-Још ти једном кажем да нестанеш или ћу бити приморан опет да дозовем мачка.

-Перо мачка овога пута не можеш дозвати ја знам где је твој мачак.

-Када знаш реци где је?

-Синоћ када је газда затворио врата на кокошинцу са собом је повео мачка. У кућу, када су ушли њих двоица газда је закључао врата. Перо да ли знаш што сам ја дошао у вашу посету?

-Реци проклетниче, одлази одатле, пусти нас да спавамо!

-Послала ме пријатељица лија да прогризем рупу на вратима кокошинца. Лија ми је такође рекла да не мора да буде велика, већ толика колико она може да се увуче.

Све се кокошке узбудише када чуше да ће доћи лисица.

-Драги мишићу немој нас предати тој проклетој лисичетини. Перо је једини крив што те је пријавио мачку.

-Знам ја да ви нисте криве, али петао је ваш вођа и он мора бити кажњен. Али ако желите бити спашене рeците петлу да се извине одмах пред вама свима.

Зачу се петао:

-Драги мишићу, молим те опрости ми овога пута, немој доводити лисицу ја ћу ти у будуће сва доброчинства чинити.

-Опраштам ти Перо јер и ја сам узимао кукуруз без питања. Перо али ако и даље будеш наставио да ме прогониш бићу приморан да наставим започети посао.

Свануо је дан, све су кокошке биле на броју. Газда је стигао са ручком. Петао је квоцајући призивао миша да му додељује зрневље кукуруза. Како је дан напредовао петао је стигао до једне повеће леске. Он је чепркао испод леске да нађе глиста, опали лешници су му отежавали посао. Петао се сети да у ово доба мишеви скупљају наду за зиму. Пера оде до рупе одакле се појављује миш и зовну га да покупи опале лешнике. Петао и миш су постали добри пријатељи. Дуго је миш размишљао какво доброчинство да узврати петлу. Миш је пратио газду како пуни амбар житом. Он направи рупу на амбару. Рупа на амбару је била толика колико може да цури помало жито из њега. Миш се послужио са житом а потом позва и петла. После створеног пријатељства, миш и петао били су срећни. Они су живели у изобиљу хране као и њихова породица.

Максимовић Зоран – "Зомакс"
(1947)

Рођен сам у Великој Моштаници. Општина Чукарица. Сада живим, са породицом на Умци. После Основне школе, завршио сам Средњу, и запослио се у Галеници, потом у Зеленгори. По препоруци лекара, почео сам са терапијом писања, и залутао у свет сиромашних књижевника.

Прешавши тридесету годину, објављујем **"Чудну азбуку"** у локалном листу, "Умка".

Деведесетих година, формирам се у шаљивом тону писања. Тако настају афоризми. Од афоризама настаје: шифровани огласи, епиграми, епитафи, хумореске итд. Један сам од оснивача књижевног клуба "Умка".После тога постајем члан: Мике Антића, Бранка Ћопића, Иве Андрића, Шпанца, Николе Тесле, Клуба песника Чукарице па Поете, и свих геронтолошких клубова Београда.

Члан сам ансамбла "Има Дана", повремено на радио Обреновцу "Мушко женски разговори" итд. У великом броју зборника, и безброј гостовања у Србији.

ИЗ КЊИГЕ ТРНОВИТЕ МИСЛИ

Како би изгледала женска енциклопедија?
Почела би од Евиног листа!

Брак је као кикирики, али се мора знати ко је Кики а ко Рики!

Заљубљени су експерти за вештачко дисање!

За мушког шовинисту, жена је као лопта.
Или је бушна или напумпана.

На секс сам ставио тачку. Жена је остала запета!

Не бих да спомињем имена лопова, у влади, да некога не прескочим.

Убеђује плавуша мужа да је невина. – Сто њих може то да потврди!

После брачних свађа, кревет им дође као мировно веће.

У браку лети перје! А где се гаји живина?

Вино "иде" у главу, жена у комшилук.
Свако има свој пут.

Због мамине несанице, тата, увече мора редовно да љуља маму.

Неке Жене миришу на шуму јер леже поред пања у кревету!

Купио сам Жени бунду! Похвалила се сестри да је од "медведа".

Комшинице, - шта ти ради муж? Све шта му наредим!

Нашао сам Жену мојих снова! Чим легнем поред ње, ја заспим.

Доктори то раде легално! Осим мужева, имају право да скидају супруге.

Водим рачуна о свом здрављу, шаљем ташту редовно у бању.

Почео је да избегава далеководе, жена му је под напоном.

Остали пију на чашу или флашу. Он на рецке.

Постао је вегетеријанац. Пије, лозу, пиво и траварицу.

Мора да има велику диоптрију, зађори се у сваку жену.

Шта се сервира а никада не једе? – Тениска лопта

Да ли шаргарепа поправља вид? – Који то зец носи наочаре?

Зашто неке треба прати половично?
-Чистоћа је пола здравља.

Ко највише мрзи пензионере? –Пси, нема за шта да их уједу!

Шта је ливада за волове – Шведски сто!

Како се стручно, зову хајкачи на вукове?
Вуковци!

Ко успешно решава текућа питања? –
Водоинсталатер.

Шта велики димњак каже малом? – Мали си да пушиш.

Која је амбалажа најбоља за млеко? –
брусхалтер.

Шта је савет јако прехлађенима? –Заједно у кревет!

Ко губи свој идентитет? – Оцепарени у превозу.

Где омладина служи рок? – У армији незапослених.

Ко вам ремети миран сан? –Будилник!

Како побољшати видике? –Попети се другима на главу!

МИНИ ПРИЧЕ

МОЈЕ ДРАГЕ КОМШИЈЕ

На периферији града купио сам плац у време моде викендица!Средио сам га, уз пуно труда,као воћну и цветну башту.

Комшије су све то пратиле и гајиле, неко љубомору неко завист!

Године пролетеше, моја деца постала људи. Одлучио сам да саградим кућу на плацу а њима препустим стан. Наравно, уз помоћ кредита и пријатеља, довукао сам материјал на плац и спремио потребне планове.

Да не би било проблема, обишао сам комшије, са све четири стране плаца, питајући их за мишљење, - где би било најбоље да поставим кућу?

Комшија са северне стране ми рече: - Није да те убеђујем и сам знаш да кад су велики снегови и северац, биће ти хладно! Изабери јужну страну! –Послушам га!

Комшија са југа преокрену; - Човече, са ове стране, сунце немилосрдно пржи. Теби је потребан одмор у хладовини а не пакао од врућине! – Послушам и њега. У дилеми, питам и архитекту. Он извpдава, неће да се меша.

Западни комшија, запенио, како ћу да му сакријем својом кућом поглед на улицу. Па пролазници неће моћи да се диве фасади и каменим плочама, увезеним из Италије. – Изабери неку другу страну, ако си човек, била је његова порука.

Источни комшија, и сам тешком муком саградио малу приземну кућу, завапи; - Кућа ми се неће видети од твоје, нити ћу ја иког видети кад прође, гради на другој страни, или...

Јавим архитекти да се градња обуставља до даљнег, јер шта има вредније од доброг комшије, наравно и комшинице!

Купим шатор, па разапнем на сред дворишта. Захладнело, уби ме промаја! Жена се покупила, па код деце. Ја ако преживим до пролећа, потражићу неку другу локацију.

Драгица Цвикић
(1938)

Рођена у селу Доња Бачуга код Петриње. Радила као просветни радник у средњим школама у Београду. Сада је у пензији. Књижевне радове објављивала је у више часописа, антологија и зборника. Има у припреми неколико књига за издавање. Члан је К.К. "Мика Антић". Живи и ствара у Београду.

ПРКОС КАЖЕ ИДИ ДАЉЕ

Удружи се једног дана
Младост, туга са прокосом
Одлепрша једна дива
Са пролећном првом росом.

Куда оде нико незна
Осим бога што је прати
Једино је она знала
Неће никад да се врати.

Прво писмо добила је
Од рођеног свога брата
Дођи сестро врати ми се
Отварам ти широм врата.

Руке дрхте писмо узе
Низ лице јој теку сузе
Одговора неће бити
Мора срце издржати.

Ветрови је ковитлали
Ударале хладне кише
На капију коју крене
Све су биле затворене.

Сломљена јој беху крила
Лечит мора своје ране
Кад долети до свог јата
Загрлит ће тад брата.

Сунце своје лице сакри
Месец звезде обасија
Пркос каже иди даље
Небо твоју звезду шаље.

ПРОШЕТАЈ НЕБЕСКОМ ЛУКОМ

Још стојим на брегу од снова
Латице бројим на цвету ружином
Дани протичу брзином сна
Ко ветрови небеском пучином.

Хтела бих да ме буде мирис зоре
Да слушам шапат на јастуку среће
Да ми ласта на прозор слеће
Да ме умилни глас твој зове.

Како да се вратим у твоје дане
Како звезду од месеца да украдем
Звезду из букета месечева сјаја
У машти својој још се не предајем

Стихови моји снагу ми дају
Ко може да ми узме срећу
На белом папиру снове слажем
Тако их никад заборавити нећу.
Не могу да вратим лепршава пролећа
Нити да ухватим птицу у лету
Немогу у наручје да полетим теби
Ал сећања лете првом прољетном цвету.

Када ноћ покрије дан што прониче
Кад прва звезда на небу затрепери
Мирно прошетај небеском луком
У мојим си мислим у касне вечери.

Хтела бих да ме буди мирис зоре
Да слушам шапат на јастуку среће
Да ми ласта на прозор слеће.

МИРИС ДОМОВИНЕ

Миришеш ми родни крају
Кад заруди зора у завичају
Кад падају оне мајске кише
Миришеш ми све више и више.

Миришеш ми мој завичају
Кад те силом себи присвајају
Кад би ласте вратиле се твоје
И на небо све дугине боје.

Сањам песме са Петрове горе
Жубор Уне то крајишко море
Беле виле да коло играју
За дивове своје, кога да питају.

Миришу ми твоји брегови
Горски котар са њега снегови
На пропланку лековите траве
Мирис носе све до ушћа Саве.
У сан ми дође горда Динара
Велебиту се брату пожалила
Што се звезде изнад Книна гасе
Месец сакри у морске таласе.

Знаш ли свете шта си урадио
Божије даре ти си погазио
Дал те савест за недела пита
Божији усуд према теби хита.

НАД КОСОВОМ МУЊА СЕВА

Над Косовом муња сева
Црни облак надвио се
Дођоше нам мировњаци
И заставе туђе носе.

Дојахаше каубоји
Божур нам погазише
Те симболе српске крви
Где јунаци оставише...

Устај Лазо ти из гроба
Косово те твоје зове
Ти поведи Обилића...
И свих девет Југовића.

Бодљикава жица свуд је
По Косову и у души
Све што претци оставише
Светска сила сада руши.

Ти монструми господе
Стигоше са свих страна
Развукоше жице и окове
Косово је пуно рана.

Пружаш руке Србине
Без стида у очи ти гледају
У окове браћу ти ставише
Хлеб и воду им недају

Лице скривају одорама

Од Бога се сакрити немогу
Анђели сада нек избаве
Децу српску невину.

ХЛАДНО МИ ЈЕ

Док ветрови фијучу
Кроз голе грање
Зимске идиле....
Ја сањам она пролеча
Када је било-
Све зелено

Када је ливада
Мирисала. Пресвучена
У нај лепше шаренило
А пропланак.....
Окићен разнобојним
Украсним жбуњем.

Мај је разбохоријо
Све, па и нашу љубав
Сад кад ветар фијуче
Кроз голо грање
Хладно ми је.....
Зима немисли отићи.

Да ли узалуд чекам
Оно пролеће
Када су птице
Певале на пропланку
Свему што је процветало
А ту је била и наша љубав
Да' л ће зима вечно остати

ИПАК ДОЂИ

Ти си сенка....
Која ме увек прати
Уплетеш се у мисли моје
Ко некад твоји прсти
У моју дугу косу
Ко месец кад се уплете
У гране касно у ноћ
Пригрли звезде
И прати нас до сванућа.

Ја бих желела
Да све заборавим
Ах, не, требаш ми
Као сунце пролећу
Као рањена птица
Да се ушушка
Где је нико пронаћи
Неће никада.

Ипак дођи чекаћу те,
Тамо где су остала
Наша стопала
Дубоко утиснута
У песак крај обале...
Тамо где су нас
Валови тихо љуљали
Пратећи залазак сунца
У ужареној даљини.
Тамо ћу те чекати
Дођи.

ОПРОСТИ МИ ДРАГА

Ти си сада у звезданом двору
Сузе ми бришеш дугиним бојама
Када олуја у души се смири
Успаваш ме нежним песмама.

Прве песме птица у пролеће –
На длану си их мени донео
Прве пупољке ливадског цвећа
У косе моје си уплео.

Чувам ту љубав у души дубоко
Нико је узети неће моћи
Дубоко у душу се сакрише
Бескрајне звездане ноћи.

Док ходаш облаком свиленим
Ја чујем твоје кораке
Ослушнем тихо шапате
Опрости ми драга молим те.

Опростила јесам, а шта би друго
Заборавити никада нећу моћи
Украде ми сва пролећа моја
И дуге бескрајне ноћи.

Сада слушам песму ветрова
Што певају кроз глуве ноћи
Моја песма оста на длану
Са кога никад неће доћи.

Док ходаш облаком свиленим
Ослушнем тихе шапате
Опрости ми драга молим те.

МОСТ ЉУБАВИ

У недрима Топлице
Има један мостић мали
Где се двоје младих срели,
Своју љубав започели.

Са планине Радан поток тече,
У речицу се тихо слива.
Топлица је свуд около,
У недра их своја прима.

Мост љубави крај извора
Грлиле су благе стене.
У шипражје обрасле су
Крију тајне успомене.

Пролом село шћућурено,
Обгрљено планинама,
Са висине помно прати
Где ће мала река стати.

Пролазећи кроз планине
Пратио је Месец сјајни.
Звездице су треперилe –
Двоје младих даривале.

Исплетоше им венчић мали
Од вирова и брзака.
Месец им се насмејао
И прстеном завештао.

Легенда ће остат' овде
Где је љубав чедна била.
На мостићу венац стоји –
Исплела га горска вила.

Теодор Опалић
(1924)

Рођен је у Краљевчанима код Петриње. 1938. г. прелази у Београд на даље школовање. Ту је четири године био код стрица Павла, све док његови родитељи нису избегли из Хрватске (због усташког терора). Песник је у Београду дипломирао на Филозофском факултету (Група за Југословенску књижевност и српско-хрватски језик). Последњих шест месеци II светског рата учесник је НОБ-а. Као официр радио је у Војном музеју (библиотекар и (кустос). Од 1955. г. био је професор у Шестој београдској гимназији, а последњих тринаест година службе био је директор ове школе. Уз редовну службу био је председник Друштва пријатеља деце, затим председник Културно-просветне заједнице Звездаре, председник Актива директора гимназија, сарадник Педагошког завода (као инспектор), члан Просветног савета Републике Србије, члан Савета Филозофског факултета и др. Радо је путовао по свету (31 држава).

Теодор Опалић је одликован са једанаест одликовања (три страна), добитник је две Повеље са октобарском наградом града Београда, додељена му је и Златна повеља југословенске поезије.

Овај песник је објављивао песме у часописима Видици, Развитак, Јединство, Име, Видовданске беседе, Пролом, као и у Књижевним новинама. Члан је Удружења књижевника Србије и Удружења писаца Србије. Члан је и Књижевног клуба ''Бранко Ћопић'', где је шест година био главни уредник часописа ''Пролом''. Бави се и сликарством (урадио је преко 500 уљаних слика). Живи у Београду.

Написао је двадесет другу књигу. Заступљен је у четири разне антологије.

ИЗ КЊИГЕ НОЋНА ШАПУТАЊА ПЕСМЕ

БАНИЈА

Свети тренуци моје младости
немају израза за путеве њене,
уском стазом газио сам време што открива
дане који су се забуном јавили без свога јутра.
Горе ми очи од слика банијских
кад уплашена јутра дах поноћи носе,
а прозори се румене светлошћу бола.
Дани уморни и стари
побесне у жару великих терета
као ране.

Као ране.

Не клањам се патњи ове земље,
већ путевима и стазама њеним
и свима што очима зову свете даљине.
Пред иконом савести свог времена молитву
            пишем
и стојећи је читам.
Молитва моја није зов смрти, ни зов среће,
већ реч, једна уморна реч,
која има своје ћутање, тврдо ћутање.

Стара Банија трепти високо у тами својих брда,
млада Банија
повија своју душу у румен новога јутра.

Једна је Банија, само једна
по нечем што старе смрти сведе на свилене реке
и уместо судбе наше беле видике
попне на врхове гора.

Само једна је Банија
што у својим ноћима пере руке наше младости,
која све узвике нашег доба стави у трубу,
а живот наш кад дигнемо увис
доле остаје само бело име човека.

Свлачим своју душу на пучини ноћи
и слутим свој живот са уморним хлебом,
и зовем свете путеве да се управе на моје село
и зовем заборављене дане под тврдим небом.
Ту се чопори потока хладе у сенци врба
и мостови ћуте, ко пасторчад стоје;
полако и тихо
топе се ноћи на топлим стазама јутра,
а немирне шљиве дозивају јесен
из тврдих даљина у меке душе сељака.

Ту наслоним свој живот на светлу појаву дана
и очи садим по старим сликама света,
па ведрину неба доводим у воћњаке
да лишће обоји сјајем.
Тад видим једну реку у кориту неба
и родно село где чека кишу
да на дну судбе опере своје дане.

Сив заборав ми растурио време
када је ветар одликовао реку
својим најлепшим таласима.
И подне застане
да буде извајано према нашем веку.

Волим да пред зиму пригрлим
завијутке свог тајног живота,
волим кад златно подне младости
вихори жбуњем украј плота.

Сваког јутра Банија се прозива,
и нас и реке и брда;
кад небо клизне са висине
спознамо тад горчину празних руку.

На стрели сунца сија се врх дана.

У овим врховима срце тражи своју Илијаду;
из царства камена искачу тихи споменици;
ова земља је прескочила своју прошлост
и носи своју пирамиду до врха света.
У овим врховима
дан добија свилено руно сунца,
дан сабијен између две ноћи.
У овим врховима
живот нема своје огледало
да се пред њим дотерује дуго.
Са ових поља
песници хлеб опевали нису
јер нема стиха за његов сјај,
дани се познају по свом звуку
и плету се у "горски вијенац" света;
Ноћи ко да црне од чађавих руку
које се подижу за хлеб детета.
Те свете руке ко икону лижу
хлеб што се доноси у зору,
у тихи тренутак препун душе,
а живот, ко изложба, стоји у прозору.

Стоји подне, не отима се сунцу
и осваја сјај на врху дана,
на трпези ноћи крв залута у нама
кад нас светлост осјаји само извана.
Ноћи се жилаво боре за своје место у времену.
Време је посечено.

Месец рогове извукао у арени неба
и ноћ узмиче пред сјајем постиђена,
закопчава своју црну хаљину звездама,
ал сунце
тврђаву ноћи руши у прах дана.

Дан лишен сјаја, као заборављен,
без речи, без звука, без икаквог чина;
на стази сунца спаљује се линија живота,
на реци тог дана није било ниједног весла
    судбине.

Господару света подижем јутро у чаши
и реч – да у младом Сутра видим вечни сјај
а високо подне нађем на сунца паши.

Фруле су нас училе звуку наших поља,
руке нам се свијају ко класје,
месец доказује да и ноћ има сјај;
свака реч је шкољка, бисер, рана
што прича о нама
како смо били наги на стазама историје
и мирно закопавали своје векове.

Светлост је немоћна за сва та откровења.

О, елегијо облачног неба!
Хоће ли сунце заорати наша поља,
хоће ли реке налити своје пехаре?

Класом Баније око сваког јутра
описујем круг житом живота:
да зоре ко галебови слете на пучину дана,
на зиду сунца да видим изложбу свих ноћи,
а осетљива река, што се замрзне лако,
да не буде наш живот.

Радивоје Стаменковић

(1937)

Рођен је у селу Црквице на југу Србије крај Лесковца. У месту рођења је завршио основно образовање.

Затим је похађао гимназију у Лесковцу и војну школу у Задру, а након активирања у војној служби ишао је на усавршавање у Сарајево, Панчево и Загреб. Цео радни век је провео у војној служби ЈНА.

Истицао се литералним радовима још у основној школи и од тада је већ добијао награде.

КАД АНЂЕЛИ ПЛАЧУ

Носила је своје име са поносом,
И оно јој је стајало као саливено

Срце јој је куцало за своју децу
Коју је неизмерно волела.

Небо и земља су се уротили
Против њихове љубави.

Десио се један кобни дан
Који јој је скратио живот.

Тај дан памтила је са тугом
До краја свога живота.

У јуну 1944. стигла је страшна вест
Погинуо је син Будимир, имао је 16. година.

Погинуо је у борби
Са окупаторском бугарском војском.

Живот јој је изгубио смисао
А време донело тугу.

А када се 1947. у њеном наручју
Угасио живот њене ћерке Босиљке.

Која је тада имала 20 година
Живот јој се претворио у пакао.

Последње речи које је чула биле су
Њено дозивање: "Не дај ме мама"!

Однела јој је срце, а оставила
Бол и патњу који су је раздирали.

Обраћала се Богу, "О Боже
Зашто мене ниси узео, а не њих".

"Зар сам проклета да губим
Оно што највише волим".

Док је проклињала судбину,
у очајању преживљала је своју смрт.

Патња, очајање и горчина
претворили су јој срце у санту леда.

Изгубила је веру и наду у срећу,
жива рана је зарасла,

али је остао ожиљак у души,
невидљив за очи других људи.

Ником више није веровала,
а своју тугу закопала је дубоко

у своју свест и своје срце
да не би била ником на терет

са својом тугом и патњом
до краја свог живота.

Ипак у њој је и даље постојала воља
да преживи, ради живота остале деце.

Да оствари своју велику жељу
да постане бака.

Преживела је захваљујући љубави
према својој деци.

Жеља јој се остварила, добила је
поклон с неба унучицу којој се дивила.

Она је АНЂЕО, име јој је ЖИВАНА,
то је моја МАЈКА.

Објавио је већ четири књиге дечје поезије и то:

"ЧИК ПОГОДИ"

"И ЈА СЕ ПИТАМ"

"ЗИНИ ДА ТИ КАЖЕМ"

"БОСОНОГИ ДЕЧАК"

И једну књигу љубавне поезије

"МЕСЕЧИНА ВИНО И ЖЕНА"

Мирослав Никићевић
(1955)

Рођен у Београду. Завршио је филозофски факултет. Бавио се журналистиком, сарађивао је у Дечјим новинама, Видицима, Војном инвалиду и Стварности. Писао је есеје, критике, путописе и цртице. Присутан је као коаутор у књигама: Књижевне струне са Савског трга и Стварност и снови. Члан је клубова : Клуб дома ПБЛ, ''Мика Антић'' и ''Никола Тесла''. Активно сарађује са другим књижевним организацијама.

Из недовољно познате историје

Радња се догађа по историји у пределима западне Турске и малогрчких острва. То би био простор између острва Хиоса, града Измира и данашње Анталије.

Да се ништа не догађа баш тако изненада, већ да има и своју генезу и узрок, говори и чињеница да се у народу појавио човек по имену Мустафа Бореклуци, назван скраћено Боре.

Одрастао у турском селу, по неким предањима био је син Турчина муслимана и Јерменке. Посматрајући живот око себе дотични је очигледно био изузетно надарен говорништвом, смислом за организацију и без претеривања идејном подлогом, која га је упућивала да изврши за средњи век више него ли револуционарни преврат.

Шетајући својим завичајем, Мустафа Боре је хитајући на све четири стране, и по селима и по градовима, проповедао апсолутну верску толеранцију. Муслимани, хришћани и Јевреји су сматрани децом једног Бога, а све обредне разлике су се превазилазиле и нико није имао примат у односу на другог.

Он је гласно говорио и ово: "Добровољно разумевање што је моје то је и твоје, а што је твоје то је и моје. Сва добра су заједничка, изузев жена. Заједнички су приноси са поља и заједничка су и поља. Заједничка су одећа и оруђа за рад. Моја кућа и твоја кућа биће на добробит свих нас."

Временом број присталица Боре Мустафе је вртоглаво порастао, јер његово учење као изузетно интелигентног и промућурног визионара је задобијало пуно присталица и то и Турака, и Грка, и Јермена и Јевреја.

Да се овај бунтовник није задржао само на проповедима верске садржине, већ и на социјалној реформацији, у прилог томе говори и чињеница да је повео "народну војску" од 12 хиљада бораца против османског султана Мехмеда I, као и његових велможа ага и бегова. Уследила је немилосрдна борба у којој је ова "народна војска" у неколико битака вешто вођена и добро припремљена победила султанове трупе, а и онемогућила монголске пљачкаше да са истока дођу до њих.

По предању Бора Мустафи је пришао Махмуд Бедредин, наводно осуђени рођак султана и племић, који је изгледа имао улогу "тројанског коња" изнутра, пошто је наводно неким лошим сугестијама утицао на даљи ток догађаја.

Делује фасцинантно и невероватно да су баш малоазијски хришћани овог свог вођу више поштовали него ли сами Турци.

После неких годину и по дана, запретила је реална опасност да Мустафина војска сруши и сам отомански двор у Никеји. Султан се спремао за контраудар и са великом војском после више претрпљених пораза, решио је да се свирепо обрачуна са побуњеницима. Најверније паше и бегове је натерао да максимално појачају своје трупе и крену у борбу против Бора Мустафе.

До коначног обрачуна дошло је крај места Карабурун, где је боље опремљена и свежија султанова војска, после дуге и тешке битке савладала побуњенике. Иако слабије опремљени, "народњаци" су се фанатично борили против регуларне војске која је извојевала скоро пирову победу.

По предању, Мустафа Боре је са неколико најближих сарадника одведен у град Ефес, где је после мучења, разапет на крст.

Иако је дуго умирао, маса присутног света је клицала њему: "Живећеш ти још дуго, и да буде царство твоје!"

Остаци његових трупа су били разбијени куд који, и поново је отомански двор завладао целим малоазијским простором.

Легенде, као и увек, почињу да живе после смрти својих протагониста.

Ово је један редак пример да се и у 15. веку на тлу Мале Азије људски дух могао издићи до већих висина обликујући прогресивне идеје.

Када се упореде побуне М. Губца, Т. Минцера, Ј. Пугачова и других сеоских устаника против племства, ово је изузетак изнад сваког просека, посматрајући његову социјалну и идејну основу.

Идеја о укидању феудализма, егалитарност и верска толеранција, чак за оно време су више него ли револуционарни.

Многи историчари су ову Борину побуну назвали првом предкомунистичком револуцијом, наравно уз свој особен шарм.

Било би занимљиво размислити како би текао даљи ток догађаја да је војска Бора Мустафе савладала султана и његове велможе? Да ли би, као и много пута, од стране племства уследио контраудар. Како би та држава народа изједначеног у правима и поседству функционисала у 15. веку када су им суседи били Арапи, Персијанци, Византија, па и Венеција.

Све су ово велике дилеме, јер додајмо и то да ли би та "рано-народна држава" имала нешто као војску, порез и администрацију.

Но, право говорећи, овакав историјски догађај је претекао Че Гевару за пет векова.

Маглина историје је очигледно дуго и смишљено прикривала овај значајан догађај, али и овај приказ нека послужи да се размисли колико је мотив социјалне правде био јак у целој људској историји, некад јаче – некад слабије, без обзира на ком су се простору наше планете они одиграли.

РАДНИЧКИ БЛУЗ

У души мука, а са чела капље грашака рој
Вредно делају, по цели дан,
Као да љути и тад бију бој,
Да их бар увече тихо дотакне сан.

Дилема је пуно, а решења нема
Ту душу проби невоља три
И не знаш шта ће сутра бити
Дан можда бео, а можда црн.

Времена тешка, а сазнања разна
Стижу нам хитро у ову доб
А неко рече, што буде и биће
Ипак смо сви судбине роб.

А силе живота, што све нам дају
Још увек у нама предано трају.

Док време протиче, и крв нам још ври
Жеља и нада јаче нам трају и будућност зри.

Све што смо чинили са пуно воље
Ваљда ће и то доћи време,
Да и нама буде боље.

ЈОШ УВЕК ЧЕКАМ

Целог је дана падао снег
Донео своју белу простирку
Оковао моју долину и брег.

Пред кућом стојим сам к'о клет
Поздраве послах далеко у свет.

А пахуља рој веје све јаче, иду кроз зрак
Зима их сеје, к'о дарове своје у овај мрак.

И жеља ми стоји да опет ја видим драге моје
Јер много је лета прошло
Пуно се превалило тога и боре на лицу стоје.

Ја будан бдим чекајући опет долазак тај
И топлу реч наде
Топлина к'о некад, нек опет сине, и ту остаде.

Чекам, ал' авај, олуја се спрема
Северац све јачи, а вас овде нема.

Душа ће да језди, иако (их нема) сам стојим
Сви животи наши, тајновита прича (и вечита тема) године не
бројим.

Последњи сам остао, чувам стари праг
За њега сам себе дао, зато ми је драг.

Пахуље се роје, у даљини гласови, непознати звук
Поноћ крије тугу, около је мук.

Стари албум збори прошлост доћи неће
Затворићу врата, окренути застор, угасити свеће.

И једнога дана, неке друге ноћи
Ја видећу тада да ли ће ико доћи
Ако буде среће, неко драг ће доћи.

ЗАВИЧАЈНА ТЕМА

Низ путева твојих је радосно лице
Њега дотиче сунчана рука
Чују се звона, људски жагор
Свугде се осећа та светла лука.

У крају овоме протиче време
Сунце нас греје, а кише мију
Судбине многих живота, драге су теме
Ту, под сводом плавим, душе се крију.

Путеви воде сви до ових река
Пријатељи и намерници стижу нам из далека
Речи ће нам неке исказати они тада
Јер хлеб, со и вино поклон беху још од вајкада
И одраз духовности овога града.

И ми смо мали део овога света
Што нешто јесте, и доста зна
Сведок је тога и ова планета
Истином сведочимо и ти и ја.

Јелена Роцков

(2000)

Рођена 1. августа 2000. године у Зрењанину. Ученица средње школе. Иако млада, још од најранијих дана исказала је велики таленат за више видова уметности.

Објављивала је своје радове у "Зову Живота" и "Сцени Црњански 32".

Њена збирка песама у припреми, заједно са написана два романа, чекају да угледају светлост дана.

ПОМОЋ

Најгоре је кад чекаш,
И не можеш да дочекаш.

Кад снови трче.
А ти се трудиш да их зауставиш,
А они те муче.

Најгоре је кад чекаш помоћ,
А пре помоћи стигне поноћ.

Најгоре је кад не знаш а трудиш се.
И што је најгоре, надаш се.

Али помоћ се не чека,
Већ се тражи

Да ти свет буде дражи!

ОБАВЕШТАВАМ ТЕ

Тихи кораци у ноћи,
Разбијају вечиту тишину.
У мени се буди нада да ћеш доћи.
Престаћу да свирам виолину.

Да помислиш да сам те заборавила.
Да ми није стало до тебе.

Помислићеш да сам те ипак изневерила.
Не слушам више ''Неверне бебе''.

Теби све ове речи ништа не значе.
Ал' не брини, наћи ће се неко коме хоће.

Неко ко ће упамтити сваку моју реч,
И неће их заборавити,
Кад оде да студира у Беч.

Неко ме нежно милује по коси,
док папире ветар носи.

Сузе клизе низ нежно лице,
као снежне пахуљице.

Топли загрљај,
нежни пољубац,
који се изгубио међу крупним капима кише,
јер он ме не воли више!

ЉУБАВИ, БАЈ, БАЈ

Ходам споро да ми прође време.
И пишем поеме.

Дани ми пролазе као читава вечност
А живот ми се претворио у безбојну течност.

И даље ми се свиђа твоја дуга коса
И шишкице до пола носа.

И даље у мом срцу ти си,
А пред другима се правим да ниси.

Али не брини се,
Заборавиће се све,

Па и моја љубав према теби,
Заборавља се таквом брзином да веровао не би.

Љубави, бај, бај,
Нећу пољубац за крај.

ПОГЛЕДАЈТЕ ОКО СЕБЕ

Људи журе,
Немају времена да стану.
И да одану.
Само некуд јуре.
Немају времена да стану,
Да се око себе осврну.
Да виде лепоте овог света.
И да га погледају наивним очима детета.
Они не гледају у небо,
И птице како лете.
Они немају времена
Да се осећају као дете.
Они трче за новцем и каријером,
А то је као да трче за бандером
Која се, наравно, не креће.
И сви они мисле да су цвеће.
Није све то тако.
Тако лако и тако слатко.
Треба се осврнути око себе.
Можда пронађеш неког попут тебе.
Понекад погледајте у реку,
Бар једном у веку.
Погледајте у сунце

55

И хватајте пахуљице.
Осврните се око себе
И дајте пажњу лепотама вашег града.
Јер ће у супротном
Људи постати стада.
Стада која некуд журе,
А куда, не знају ни сами,
Јер се боје да седе у тами.
Данас је опасно остати сам,
А то је као да ти је неко ставио ам.
Људи су постали покварени и зли.
И све због тог новца
И проклете каријере,
Која нема лепоту ни сјај,
Па чак не води ни у рај.
Сви ви ово већ знате,
А ипак се правите
Да други не пате.
Ипак, погледајте у небо
И птице како лете,
Па онда покушајте
Да будете дете.
Осврните се око себе,
Погледајте у људе,
У небо, у птице, у сунце...
И запитајте себе како је могуће
Да су вам очи тако дуго биле затворене
И тако ретко отворене.
Погледајте у овај свет.
Ко зна какав ће бити за годину, две...
Можда лепши, можда бољи,
А можда ружнији и још гори.
Зато осврните се око себе.
Погледајте лепоту света,
Али само очима детета.

Михајло Ћирковић

(1946)

Рођен у Крушевцу. Завршио гимназију као ђак 100-те генерације Гимназије крушевачке. Дипломирао на Стоматолошком факултету у Београду а радни век провео у родном граду где и сада живи мирне пензионерске дане.

Писањем афоризама се бави још из студентских дана. Објавио је књиге афоризама: **"СПОМЕНИК"**, **"ЗАВИЧАЈ"** и **"И ТАКО НЕКА БУДЕ"**. У припреми је и четврта књига **"ЗАПИС"**.

Добитник је награде **"ЗЛАТНА КАЦИГА"** за афоризам на Међународном фестивалу хумора и сатире "Златна кацига" у Крушевцу 2012. год.

Испражњена боца, као и она са писмом носи неку поруку.

Сигуран сам у себе.
Када отворим боцу бацим запушач.

Са колико ли сам соба даривао Диогена?

Доживео сам пораз. Вино ме није победило.

Пијанац и филозоф.
Најидеалније друштво особа које су у праву.

Пијан кочијаш, ћорав коњ, непознат пут...

Свака библиотека има бифе, а ни један бифе нема библиотеку.

И вино и ја би смо остарели да се нисмо срели.

Срећа у љубави је ако је права љубав и последња љубав.

Љубав је као божанска ствар. Умире али и васкрсава.

Лепу жену треба узети а паметној се предавати.

Колико је веран портрет када уметник слика жену коју воли?

Жене, не рађајте децу због љубави већ из љубави!

Добро упознавање жене може да доведе до почетка а и краја љубави.

Жена је најлепша када гледа вољеног човека.

Искрена љубав према жени је као однос према сопственој кожи. Чувамо да је други а и ми сами не повредимо.

Леп накит као и кратку сукњу жена носи да би одвратила пажњу од неког недостатка духа и тела.

Шта жени чини веће задовољство на плажи:
сунчеви зраци или мушки погледи?

Шта је жени теже: да одглуми страст или да је прикрије?

Ако жена да душу ђаволу, тело улепшава да би привукла анђела.

Више нас гану сузе младе жене него крв ратника.

Када сам загосподарио њеним телом постао сам јој најоданији роб.

Паметна жена може да се учини лепом а лепа паметном никада.

Човек и жена су најсрећнији када дају једну сенку.

Није важно са каквом женом спаваш већ са каквом се будиш.

Слаб сам према паметним женама, јер ме ојачавају.

Када сам се пензионисао поклонили су ми часовник.
Тада сам видео колико је сати.

Врло рано сам открио да је све већ касно.

Живот је као роман. Највећа грешка аутора је када садржај стави на крај књиге.

Живот је исувише кратак да би требало двапут погрешити, а довољно дуг да би се и две грешке избегле.

Живот је само скуп тренутака.

Размишљање о животу је удаљавање од живота.

Живот је бескорисно одређење времена, јер као у пешчаном сату, отицањем живота дотиче мудрост.

Да ли је животна путања центрифугална или центрипетална?

Шта је мера старости: удаљавање или приближавање смрти?

Када би се стало са паролом: ''ЛИКВИДИРАЈМО НАЈСТАРИЈЕ!''

Живим, дакле, умирем.

Живот живимо само између чекања.

Животни круг је потпун ако ми је гроб у завичају.

Да ли дете одрастањем иде узбрдицом или низбрдицом ка човеку?

Ако нас препознају по делу, за живота, неће ни по надгробном споменику.

Да ли живимо по пресуди, или ће нам се судити по животу?

"КО ЋЕ ПРВИ?" –у младости и у старости није исто.

Мера проживљеног живота јесте, колико смо волели и колико смо били вољени.

Не правите пут до гробља, нека свако дође својим путем.

Када дође час, да ли ће Господ по мене, или ћу ја ка њему?

Многи су живот одживели у испуњавању простора а не и времена.

Не може смрт да нас растави. Растави само једног.

Живот је пауза чекања и маште.

Не могу да опростим телу што ми је појело више од пола живота.

Не старимо већ добијамо нове улоге у животу.

У старости смо сви исти. Стари.

Тело стари а ожиљци се подмлађују.

Права подела живота је на пре и после бркова.

Дуго се у мени опирало дете мога оца човеку овог света.

Ђорђевић Милка
(1933)

Рођена је у Хрватској. Школу је похађала у Подравској Слатини, Осијеку Чаковцу. Од 1952. године живи у Земуну. Завршила је Вишу Економску школу у Београду. Поезију пише од своје 16. године. 12 до сада је објавила збирки песама. Пише љубавну родољубиву и дечију поезију и афоризме. Члан сам неколико књижевних клубова. Ако ме срећа послужи објавићу још неку збирку песама.

ЗЛОЧИН НЕМА ЗАБОРАВА

Ја немам мајку
Била сам девојчица
Када је очи склопила
Мрачног човека рука
Моју је мајку убила
У ватри је изгорела
Тај злочин нема
Никада заборава
Убица моје мајке
Сваке ноћи сања
Како је његова пушка
Без милости пуцала
Тај догађај деци
Он је прећутао
И никада им није
То зло испричао
Запалио је нашу кућу
Тај пожар у животу
Њега је увек пратио
И њега је заувек сломио
Срећу и осмех на лицу
За сва времена изгубио
Деца га често питају

Зашто си тужан тата
Неће да каже да га чекају
Од пакла отворена врата
Свако зло које се учини
Знај да се кад тад враћа
У паклу увек су отворена
За зле људе и убице врата
Човече не буди никада зао
Да волиш све људе
Драги Бог ти је на поклон
За сва времена љубав даривао

ТВОЈ ПОГЛЕД ГРЕЈЕ

Ноћ тамна земљу
Мраком загрлила
А ја свога драгог
Са осмехом пољубила
О како га волим
То зна срце моје
Оно убрзано бије
Када види дугине боје
Твој поглед греје
Пламен топлине ствара
Која свима треба
Мени тишина шапуће
Не остављај га
Теби његова љубав
Долази са плавог неба
Љубав је јача од свега
Од олује ветра и леда
Када се воле људи
Радује се и творац неба
Без љубави среће нема
Рече уплакана жена.

СВИ ИМАЈУ СВОЈ ХОБИ

Шта се ово збива
Добри људи
Једни се тетовирају
Други дрогирају
А трећи у алкохолу
Са осмехом уживају
Сви имају свој хоби
Који до лудила води
Због ове три ствари
Правилна вожња
Се заборави
Ту је и мобилни
Свима велики љубимац
Који може да изазове
У вожњи свашта
То зна и Теслина машта
Када возиш кола
Телефон заборави
Пази да се не нађеш
На погрешној страни
То би био хаос прави
И пех и грех
Свега овога треба
Да се на време
Хитно ослободиш
И да кола разумно
Као нормалан човек
Возиш
Ово није шала
Истина је права
Остави кола не вози
Ако ти се спава
За вожњу треба
Бистра глава

НЕМА ЗАБОРАВА

Сам је себи
Казну одабрао
Био је у рату
Опасни убица
Много је и деце
На други свет
Без милости послао
За тај злочин
Сам је себи пресудио
Метак је из пушке
И њега убио
Жртве су се насмејале
А и заплакале
Зашто су у свету
Полудели људи
И сотона се
Злочину чуди
Изговара речи
То нису више људи
Гори су и од мене
И од сваке луде жене
А сада и даље
Многи Србима прете
Хтели би у рај
Али у пакао
Због злочина лете
То је казна права
Која њима одговара
Жалбе нема рече једна
Из Астрала у белини жена
Србин злочин опрашта
Али нема заборава

СИНЕ БАЦИ ПУШКУ

Не пуцај у брата
Срце га много боли
Никада не заборави
Да те он на свету
Од свих више воли
Ви имате исту мајку
Она вам живот подари
А бесни вуци желе
Да Вас посвађају
Да би један
На другог пуцали
Сине баци у амбис
Опасну пушку и бежи
Што даље од зла
Које прети свима
Да волите све
Што у животу постоји
У детињству
Учила вас ваша мати
Ако запеваш песму
Мајка ће се радовати
Убити брата или дете
Вољеног пријатеља
Неопростив је грех
И велика грешка
Која треба да се
Без милости казни
Да би све убице
У свету пуцати престали
То цео свет жели
Да се што пре оствари

САВА ЗНА ДА ВОЛИ

Све ће моје књиге
Прочитати лепи момак
Који се зове Сава
Он без љубави неће
И не може да спава
За њега су даме
Најлепше цвеће
Оне цветају увек
Када је зима
И пролеће
Његови пријатељи
Слатко се смеју
И Савино срце греју
Сава је момак прави
Који зна да воли
И ужива у љубави

ТУЖНЕ КОЛОНЕ ИМИГРАНАТА

Ноћ хладна и мрачна
Мени се не спава
Посматрам колоне
Несретника без осмеха
Њих је људска злоба
Из топлих домова
Без милости као стоку
Из сопствене земље
Истерали
Пошли су голи и боси
Из многих држава
Све оста за оне
Који убијају и отимају
А којима богатства
Никада није доста
Убијају људе и децу
Отимају што су они
годинама створили
А ево што су у животу
Несретници дочекали
У колонама иду и журе
Децу носе и плачу
И питају сами себе
Да се одморе са децом
Где ће јадници стати
Нико их не треба
И не желе гледати
Ни име њихово знати
Неке земље своје границе
Жицом ограђују али јаук чују
А све то јадници морају
Са тугом и болом да гледају
Полицајци јадницима сузавац
Без милости у очи бацају
Голи и боси по киши

Трњу блату лутају
Где ће они стати

Према уморним људима
Дрско и бахато се
Понашају као да нису људи
Таквој мржњи и злоби
Као да су животиње
И Сотона се чуди
Јутро је много хладно
А одећа похабана стара
Многи су боси без ципела
Деца плачу и траже
Топло своје мајке крило
Али све је узалуд
Његове мајке крило
Од ветра се охладило
Немају ни воде доста
Да лице умију и руке оперу
Многи не могу то да издрже
Па се сами убијају
Многи су остали заувек
У дубокој и хладној води
Изговарајући речи Боже
Ти нам у невољи помози
Одговор не долази
Многи су у океану остали
Из кога се не излази
Туга је гледати те људе
Они се људској злоби
Са болом чуде и моле
Да им пас буде пријатељ
У нежном срцу пса места има
Гласно рече
Светлуцава месечина

Драгица Перошевић

(1938)

Рођена је у Шиповљанима код Дрвара, од оца Марка Рондаш и мајке Ане (Ковић).

Основно образовање стекла је у Дрвару, Вишу реалну гимназију завршила је у Бачкој Паланци, а студије на Економском факултету у Београду.

По завршетку студија запослила се у Сарајеву. Од 2004. године живи у Београду. У слободном времену бавила се разним друштвеним активностима и повремено писала песме.

Склоност за поезијом показивала је још у основној школи и гимназији. Активно је учествовала у школским приредбама и литерарним вечерима. Озбиљнију инспирацију за писање добила је у рату (1992) када су ужасна ратна збивања у Сарајеву угрожавала људске животе и када су јој деца отишла у иностранство.

У Београду радо посећује и активно учествује у раду књижевних клубова.

ОДЈЕК ПЕСМЕ

ТРАГЕДИЈА ДА СЕ НЕ ПОНОВИ

(Сећања на ратне дане у Сарајеву, 1992.)

У пролеће месеца априла
Судбина нас тешка задесила.
Једне ноћи наредба је дата –
Нађосмо се у вихору рата.

Живели смо мирно ко и прије,
За рат нико спремао нас није
У рат ићи: ''О за име бога!''
Мораш пуцати, ал' не знаш у кога.

Боже мили, шта настаде тада,
Шта се чини од села и града.
Људи беже, ал' не знају куда,
Наоколо свуда јад и туга.

Све се руши, ништа се не штеди,
Народ поче живети у беди.
Мењају се породична стања,
Губе људи децу и имања.

Стадосмо сви на путању криву,
Нико не зна циљ ни перспективу,
Пропадају срећна поколења,
На силу се и држава мења.

Стране силе, проклете им душе,
Лукавштином нашу земљу руше.

Интригама и силом још више
Народе нам срећне завадише.
Немир наста у земљи и кући,
Народ крену један другог туђи.

Непријатељ на све стране врви
Прелази се преко људске крви.
Лешеви су свуда на све стране,
Са њима се стране вране хране.

Стране вране, јастребови сиви
Што су наше земље завадили,
Лешинари давно на нас кивни
Не дају да народ срећно живи.

Гуше срећу и слободу свету,
Прекрајају на силу планету,
Уживају у нашем страдању,
Хоће земљу да нам праве мању,

Разделише брда и долине
Чак и куће на две половине.

Нека иду у државе своје
И по мери себи живот кроје.
Нек у друге сврхе ставе силу
Ми желимо живети у миру,
И градити сами своју срећу
Домовину сачувати већу.

Подизати грдну рушевину
Изградити лепу домовину,
Одгајати наш нараштај нови
Трагедија да се не понови.
Ми можемо и скромно живети,
Не волимо кад нам неко прети.

САРАЈЕВО ДИВАН ГРАД
Посета са унуцима

Баш ми срећа хоће руци,
Долазе ми у посету
Син и снаха и унуци.

Задовољство ми је право
И велика моја жеља
Да посетим с унуцима
Сарајево, родно место
Њихових родитеља.

Спремисмо се јутром рано
И кренусмо ужурбано.

”Слушајте ме, децо, сада,
Пре него стигнемо тамо,
Казаћу вам сада ево
Да је дивно Сарајево.

Па када вас неко пита
Откуд су вам родитељи,
Кажите му ви срдачно,
Из Босне су, то је тачно.

Из те земље добро знане,
Где се с мераком игра, пева,
Баш из њеног главног града
Из лепога Сарајева.

Ту споменик има један,
Историјски врло вредан.
На обали крај Миљацке
Где се Принцип тада попе
И САД СТОЈЕ ДВИЈЕ СТОПЕ,
Одакле је Гавро тада
Устрелио Фердинанда.

И за ово дело право
Херојски је живот дао.
Да истину знамо праву
Да не дамо забораву.

ДРАГЕ СЛИКЕ

Боже, баш сам нешто сетна,
Седим сама на лежају,
Са погледом усмереним
Само према једном крају.

Гледам слике мени драге
Са којих се нежно смеју
Слатки лепи мали тићи,
Моји драги унучићи.

Мој Алекса и Милица,
Баки драга мила лица.
Поред њих је медо бели
Што су баки оставили,
Као успомену драгу,
Кад су пошли својој кући
У Отаву у Канаду.

Да се са њима веселим
И понекад немо причам
И сетим се унучића.

Време лети врло брзо,
Бака је већ стара доста;
Жељна драгих унучади,
А и деце своје оста.

Стално мислим кад ће доћи
Моји гости драги мили,
Што бораве у даљини.
Остаје ми да се надам
И да чекам у тишини.

О БАШ СИ ДИВАН ЖИВОТЕ

Јарко сунце већ се рађа
Леп је зоре осмејак.
Дан је ведар, небо блиста
Дрина вода хладна чиста;
А низводно хировита,
Момак чамцу своме хита
До весла се хитро дови
Па низ Дрину он заплови.

Сикће вода жега стеже
Чамац јури воду реже
И не стаје нема шале,
Док не дође до обале.

На обали с друге стране
Њега чека слатко лане.
Појави се лепа бела
Баш подсећа на анђела.

Крепко право драгом шета
Лепо лице лепше чело,
Груди бујне, витко тело,
Око чудно враголасто,
Он јој хита, на час засто;
Из груди се уздах оте
О баш си диван животе!

Тој лепоти он се чуди
Па је зове дођи ближе;
Ход на груди жељо пуста
Да ти љубим медна уста!

Дрина тече валовито
Вали лагано се чују
Пољупци се чедни понављају.
Поветарац жегу расхлађује
Весели се цвркут птица чује,
Драги драгу заносно милује.

Милутин Ђорђевић
(1934)

Рођен је у Злати, општини Прокупље у сиромашној сељачкој породици, а родитељи су му били неписмени.

Прво је учитељевао по селима Пусте Реке и студирао педагогију, а затим кренуо пут науке и списатељског рада, најпре као

Просветни саветник, а касније професор универзитета (службовао је у десетак места широм Србије да би се 1966, год, скрасио у Нишу). У тридесетогодишњем стручном и научно-истраживачком раду изразито је наглашено његово настојање да што чвршће повезује научну теорију и свакодневну људску праксу, најпре у области васпитања и образовања. Објавио је, махом на том подручју, стотину радова, од чега 14 уџбеника, студија, приручника и монографија. Три се посебно истичу:

Читанка – уџбеник за трећи разред основне школе;

Педагогија – универзитетски уџбеник и

Индивидуализација васпитно – образовног рада у школи – истраживачка студија (два издања)

Пише поезију и прозу (кратка прича). У припреми су његове две књиге:

Збирка кратких прича под називом "Јутра" и **Песме у двојству источене**.

Данас је ванредни професор Филозофског факултета у Нишу.

З А П И С И

Први део: Сећања
17. ФЕБРУАР

За овај датум зна готово сваки Пусторечанин. Сваке године се скупи повећи број старих и младих као помен изгинулим (**око пет стотина**) у погрому бугарске војске **1942. године** у малом месту **Бојник.**

У знаку одмазде за десетак изгинулих бугарских војника у претходној ''акцији'' једне партизанске чете сишле са Радана.

Међу стрељанима било је и жена и деце.

О томе запис:

Девојчица

Дан 17 у фебруару '92. Киша и снег се сустижу, смењују, а у Бојнику се окупило пуно света на помен стрељанима пре педесет година. Први пут се служи опело. Само неколико њих, сведока тог трагичног тренутка овде и данас са окупљеним народом. Нема ни **Раде Трајковић из Врања** која је тога дана рођена у строју за одстрел.

А жива је.

Данас је напунила педесет година, има малу инвалидску пензију, две ћерке и двоје унучади. И срећна је.

Имала је Рада срећу тог снежног фебруарског дана – она и њена мати **Вида Костић**. Тада је Вида стајала заједно са друговима испред митраљеза, уплашена и с првим порођајним боловима. Приметивши то, један бугарски војник је питао пуковника **Стојанова** шта да ради. Официр кратко издиктирао:

-Ако роди мушко, убијте обоје, ако буде девојчица – пусти их.

Вида је добила девојчицу, а исти војник војничком блузом уви тек рођену бебу. Сада су њих две могле до изгореле куће. Ништа зато, остале су живе.

А једна друга жена по имену **Драгиња** у том истом строју родила је сина. Несрећна жена. И дечак. Имао би данас педесет година и пуно унучади.

Снег све више осваја. Пада вече, а на радију вести о тешким борбама у Крајини. Пре или после њих слутим колоне несрећних жена са својим промрзлим малишанима. Неки од њих опет пред митраљеске цеви.

Зашто, и докле?

А 17. фебруара 2008.године су Албанци на Косову објавили **независност своје нове "државе", друге Албаније** уз невиђену подршку Америке и слепу послушност већег броја европских држава предвиђених поново фашисоидном Немачком. Тако смо 17. фебруара 1942. године изгубили на краће време ослобођену Пусту Реку, а истог датума 2008 – Косово. Недамо се и очекујемо да и овај болни губитак неће дуже трајати. Најверованије је када служене Америка и добар део Европе доживи економски а потом и политички банкрот јер на рачун готово целог света много, много више троше него што зарађују.

Не најверованије. Тога ће сигурно бити и то у догледно време, **не дуже од десетак година.**

А нама остаје да бомбардовани и разорени, уз то, прокажени и опљачкани засучемо рукаве и узмемо судбину у својим рукама.

Како? То је већ трећа прича али не у овом запису.

ЛЕТИНА

Врело летње поподне. Свет једва дише. Чини се да одлази још један жедан дан.

Али, не би тако.

На западу се појавише бели, паперјасти облаци. За њима они тамнији и тешки, готово да додирују врхове планине.

У једном тренутку затутња, муње осветлише смркнуте облаке. Проломи се небо и сручи на земљу огромни товар воде и леда. Само за пола часа, стасала пшенична поља и отежали воћњаци претворише се у пустош.

-Оде сва летина, шапутала је мајка за себе, излазећи из куће у кишу.

-Све, све, све, понављала је, и ко зна зашто под пљуском кише и ретког града сакупљала поломљене гране сазрелих шљива.

Одједном се усправи, прекрсти и погледавши у небо рече:

-Бог дао, бог узео!

КИША

-Јоване, пробуди се!
-Кажи.
-Чујеш ли?
-Шта?
-Киша!?
-Киша? Каква киша?

Ни мати која није спавала, ни отац који се још будио нису могли да верују. После толико врелих дана и већ подгорелих кукуруза – киша!

Пада, шуми у тишини ноћи; звучна благословена. Заједно са тим звуком искри се све јаче и дубље њихова радост. У њему се сместило све богатство ове ноћи, сва топлина овог света.

Мати устаде, прекрсти се, широм отвори прозор, а собу испуни мирис плахе летње кише и свежине.

КОСИДБА

Деда Благоје из села **Магаш** имао је три сина, три снажна момка које је поженио и послао у печалбу. Он је често чувао овце у планини.

Целе године су синови "дунђерисали" тамо негде у великом граду. Пре подне раде "у фирму", а по подне – приватно. Храна сува, оскудна, а преноћиште у великој радничкој спаваоници.

Не жале се, добро зарађују. Скупљају паре да у Магашу направе велику "зидану" кућу.

У село долазе једном годишње – за косидбу. Њихово велико имање је скоро све под ливадама и шумом, па је косидба најважнији посао у току лета.

А кад дођу, првих десетак дана, по старчевој заповести, спавају у плевњи – без жена.

Тако мора да буде, објашњава Благоје – ако су са женама нема ништа од косидбе. Прво сено, па жене!

Снаје се, међутим, не могу с тим да помире. Смислиле су начин да надмудре старца. Кад Благоје, уморан, чврсто заспи, једна од њих стражари, а друге се искраду до плевње и тамо остану до зоре. Време за љубав је кратко, али је зато жестоко.

Тако се ливаде брже косе, а жене више воле. Заборавио је то деда Благоје, јер је одавно превалио седамдесету.

Божана Милићевић
(1936)

Рођена је у учитељској породици. По образовању је ликовни педагог. Радни век је провела у настави и дечијој заштити. Пензионисана 1986. године. Члан је неколико књижевних клубова и друштава. Пише дечије, љубавне, патриотске, шаљиве песме и анегдоте.

Баш свашта

Хол Коларчеве задужбине. Група нас, старих знанаца, чека почетак променадног концерта. Један ми се обрати (на жалост, колега): "колегинице, колико ви имате година?" одговорих: "ако сте заинтересовани да купите десет до двадесет година, прихватам да вам их продам. Уосталом, ако купујете и млади кромпир на пијаци, не питате продавца колико укупно има, већ тражите колико вам треба."

Сви се насмејаше мом коментару, а он љутито оде да седне у десети ред

....

У истом простору, али у друго време, сретох стару познаницу. У разговору ми рече да је била код лекара, и узгред ме упита, знам ли које Алцхајмер?

Одговорих јој, да смо он и ја у завади. "зашто?Па ти се нисаким никада не свађаш."

"та битанга ми стално сакрива разне ствари: рачуне, наочаре, хемиске оловке, кључеве од куће и друге важне ствари. Због тога сам бесна на њега."

....

Јесте ли чули да преко Газеле, ради сигурности, не могу да саобраћају возила преко три тоне? Значи не смем ни ја. Јесте да немам више од шездесет килограма, али моје бриге, због свега што нам се дешава, теже су од три тоне. Ту не вреди моја дијета, већ би на дијету морали неки други.

....

Мада сам велики мајстор за кување сарме, од 2001. године њу не спремам. Знате ли зашто? За дочек Нове године сам је припремила тако да прсте полижете. Мој супруг, који иначе обожава то јело, на дан Нове године, са гађењем одгурну шерпу рекавши: "шта мислиш, да ћу ја да једем нешто што си спремила у прошлом веку?"

....

Неки моји пријатељи су се, уочи нове 2001. године, напили као летве па заспали у 20. а пробудили у 21. веку. Јесте да су били мамурни, али неке од наших политичара тај мамурлук држи већ десет година. Не морате мени веровати, али гледајте преносе из Скупштине Србије, па се сами уверите.

....

У шетњи стазама Калемегданског парка, придружи ми се једна познаница. Кренуше уобичајна питања. "Како сте?" – питам ја.

"Никако" одговори она. "Болесна сам од главе до пете: очи, уши, зуби, срце, нерви, кости. Све ме издаје. Како сте ви?" – упита она. "Ја? Сасвим добро. На једно око слабо видим, али је и боље да много тога не видим. На једно уво скоро да не чујем, али превише лошег чујем и на ово друго. Пола зуба ми извади стоматолог, а и који ће ми враг? Једем само барено поврће, качамак и попару. За нешто конкретније немам новаца. Једем и саму себе, али ту не користим зубе. Што се тиче лица изборала сам се као орање. Дерматолог ми рече да су то боре од смеха. Баш лепо. Значи да сам се у животу више смејала него плакала. Што се тиче срца, храним га таблетама и љубављу, па понекад и превише пожури. Нерви јаки. Негледам телевизију, не читам новине, не слушам комшијска оговарања, а месец, звезде, сунце, голубови и цвеће на мојој тераси никада ме нису изнервирали. Што се тиче костију, све су на броју.

Јесте, да повремено прошкрипе, али ја појачам радио и музику да бих надјачала немиле коштане звуке. Чврсто сам одлучила да учествујем на олимпијади смеха, што са костима нема везе."

"Жена ме напусти, поред фонтане, закључивши вероватно да сам тотално откачила."

....

Одох код мог кардиолога и, у знак пажње, понесох му на поклон, две моје књиге. Он се љубазно захвали, прегледа ме, уписа у Извештај, све што је требало, и ја задовољна почех да примењујем препоручену терапију.

После месец дана, одох на контролу. Он написа Извештај за мог ординирајућег лекара, уз препоруку да одем на преглед код неуропсихијатра. Сада ме "гризе", да ли је ову потребу уочио, пре читања мојих књига или пошто их је прочитао. Шта ви мислите?

Будимир Стојковић

(1934)

Рођен је у селу Шетка, општина Ражањ. Основну школу учио је у свом селу, а гимназију у Ражњу. Потом је завршио Војну академију у Београду. Као млад официр у Винковцима, командује водом и четом. У Београду је гардијски официр, обезбеђује и

прати маршала Тита, врховног команданта Југословенске народне армије. По завршетку Више војне академије у Београду, у Книну обавља дужности: команданта батаљона; начелника оперативно наставних послова у дивизији; начелника штаба пука; команданта пука. У Београду је професор Опште тактике у Командно-штабној школи тактике. Пензионисан је у чину пуковника ЈНА. Живи у Београду. У гарнизонима свог службовања писао је приче, које су објављене у војној штампи, као и у ''Добровољачком гласнику'' и ''Војном ветерану'' у Београду. Објавио је збирку прича под насловом **Приче из касарне**. Објављена је и књига **ЕТИКА СЕЋАЊА успомене команданта пешадијског пука Југословенске народне армије**. У припреми је објављивање романа **''НЕ УПАДАЈ МИ У МОЗАК''**

ОДЛОМАК ИЗ НЕОБЈАВЉЕНОГ РОМАНА ''НЕ УПАДАЈ МИ У МОЗАК''

Следеће године, негде при крају лета добијем позив за војску. Одем аутобусом до Крушевца да купим ствари које су биле назначене у позиву. Обилазећи пијацу замало се не сударих са лепом девојком обученом у бордо хаљину. По њој просула се црна коса све до појаса. Ципеле на штикле. Уста нашминкана неким ружом што лицу, скоро црном, даје леп, продуховљен изглед. На очима јој наочаре за сунце.

-Обрене! – узвикну девојка –Што ме мимоиђе, а не јави се?

Окренем се и занемим. Испред мене стоји Јела, а осмех јој игра на лицу.

-Нисам те познао Јело! Први пут те видим тако обучену. Знао сам те у одећи за рад у твојој башти са косом скупљеном у пунђу. Па ти си стварно лепа девојка, могао бих још и да се заљубим у тебе!

Она се насмеја, ухвати ме под руку и рече –Одавно си ти заљубљен у мене. Хајде, води ме у хотел ''Европу'' на кафу.

-Којим послом ти овде? – упита ме Јела кад је сркнула први гутљај мирисне кафе.

-Добио сам позив за војску и дошао да купим неке ситнице.

-Кад идеш у војску? – дрхтавим гласом упита Јела. Одједном се снуждила. Би ми и жао и драго. Загрлих је напокон.

-Уплаши ме сазнање да идеш у војску. Губим пријатеља. Ко ће две године да издржи а да те не види?

-Да ли само губиш пријатеља?

-Не – рече Јела, прислони главу на моје раме и прошапута – Волим те. Волим већ годинама.

Чујем како се руши хотел ''Европа'', падају греде по мојој глави, а срце да искочи из груди. Окренух главу и пронађох јој медене усне. Пољубих је и рекох – Волим и ја тебе. Идемо негде да будемо сами. Можда би било најбоље да одемо до Мораве?

На путу ка Ћићевцу Јела ме упита где идем у војску. Рекох јој да идем у Смедеревску Паланку.

-Идем да се пресвучем, причекај ме код чамца – рече Јела кад смо већ стигли до Ћићевца и одлепрша код тетке.

Ја не знам где сам, непозната ми и моја улица. Лебдим, запевао би. Нећу кући, идем одмах до чамца. Избацим воду из чамца, не знам шта ћу сам са собом. Сео би у чамац и веслао до Дунава. Ма, каквог Дунава, до Црног мора. Легнем на траву и чекам, а чекање се одужило у недоглед, бар се мени тако чини.

-Обрене – тихо ме позва Јела. – Где си?

-Ево овде у трави, поред чамца.

Приђе она и седе поред мене. Колико смо ту остали, не знам. Онда смо се возили чамцем по Морави и негде у јутарњим сатима отишли у колибу. Кад смо се пробудили Јела припреми леп доручак. Јели смо и сваки залогај заливали пољупцима. Тада Јела рече – Сада више нисмо пријатељи, прескочили смо праг пријатељства. Бога ми, дуго смо га прескакали, нешто више од три године. Нисмо пријатељи, а нисмо ни љубавници. Ово стање је лепо, небеско, лебдеће, заносно и ја мислим да ми у том стању и останемо. Ти идеш у војску две године. Две године су дуге, мој Обрене, а ноћи поред Мораве знају да буду лепе. А у тој лепоти крв ври, гори тело, душа пати, а ноћ никако да урони у дан. Шта може да спречи да крв не прокључа, а тело не изгори као усеви без воде. Само моја невиност и наша истинска љубав. Саже се и пољуби ме сва црвена у лицу и дрхтећи. Шта ти мислиш о свему овоме? – упита ме гледајући ме право у зенице.

-Знам да си лепа, паметна, да доста читаш и да ти невиност и ова башта значе пуно. Зато ћемо две године да останемо у овом лепом, небеском, заносном стању, како ти то рече Јело.

Брзо пролете тих месец дана заноса. Ја одох у војску на курс за десетаре. Све што су старешине тражиле да се уради, урадио сам и срцем и душом. Помагао сам друговима у савлађивању наставног градива, а и на маршевима, носио свој митраљез, а и туђ. Волели су ме другови због моје несебичности. Старешине ме похваљивале. Добих чин десетара и одељење војника. Боље рећи десет другара.

Неке војнике учио сам и ноћу. Сви су ми били једнаки. Поштовали смо се. На свим контролама претпостављене команде моје одељење је било најбоље. Добијао сам наградно одсуство, а на крају служења и медаљу примерног војника која носи 15 дана наградног одсуства, а и одсуство од месец дана, тј. Скраћење војног рока датог од Савезног секретара за народну одбрану. Учинише да нисам ни осетио кад ми прође време служења ЈНА. Тај период мог живота ми је остао у лепом сећању. Другарство нас војника је нешто што се памти. Тамо смо сви били Југословени, са истим обавезама и правима. Исто одевени, иста храна и смештај. Старешине су нас поштовале и уважавале човека у нама, са свим нашим добрим и лошим особинама. Били су нам као родитељи. Такав однос старешина је можда најплеменитији од свих војски у Свету. Другарство између нас десеторице је крунисано договором да се сваке године налазимо код једног од нас на пар дана у гостима. Где ћу ја да их позовем кад ми је отац оставио кућу плетушу са једном собом и кухињицом. А и пара немам.

Кад рекох оцу да ћу да се женим, он ме погледа, а у очима туга.

-С чим, врли синко, да направиш свадбу? Знаш ли колико кошта свадба у Ћићевцу? Само је сахрана мало јефтинија од свадбе. Сахрану мораш да обавиш, а свадбу јок. Укради девојку, па код матичара, а онда у Пардик код тече Тисе на пар дана. Док њени родитељи не легну на руду, а свет нас изружи и заборави на твоју свадбу коју ниси правио.

Испричам ја Јели шта ми је отац казао. Гледа ме она, поћута мало, па рече – Можда је у праву твој отац. Види са матичарем у општини шта је потребно за венчање. Венчаћемо се, а онда идемо у моју колибу. Нећемо код тече Тисе да оптерећујемо људе. У колиби ћемо бити слободнији.

Обависмо венчање без родитеља и родбине, само са кумовима. Увече кад паде мрак ми се увукосмо у колибу. Јела отвори прозоре, а унутра нагрну пролећни Моравски мирис. Месец се некако цео увуче у колибу и би једини сведок крунисања наше петогодишње чежње. Дању смо спавали, а ноћу понешто урадили у башти и купали се у Морави.

Прочу се по Ћићевцу наше тајно венчање. Кренуше оговарања, одобравања и осуде. Од Јелиних зарађених и уштеђених пара од баште док сам ја био у војсци омалтерисасмо кућу и споља и изнутра, средисмо дрвенарију, а авлију оградисмо тарабама са лепом вратницом. Јела у авлији засади цвеће и доста ружа. У кући све блиста од чистоће. Ја идем у рибу по цео дан, а и ноћу понекад. Враћам се тако једне вечери са доста ухваћене рибе. Испред железничке станице стоји шеф станице, леп, стасит човек са црним негованим брковима. Знам да је из села Шетке, презива се Николић.

-Како трза риба Обрене? – упита ме он гледајући у мој ранац.

Из ранца извадих три повећа комада и понудим му. Захвали се он и унесе рибу у канцеларију. Затим ме зовну кроз прозор. Упита ме да ли имам завршену малу матуру. Рекох му да имам. Човек ми тад пружи конкурс у коме су тражили кондуктере. Конкурисах ја. После месец дана примише ме на курс у Београду. Заврших га и ускочих у железничко одело.

Јела срећна, а љубоморна. – Оставићеш ти мене. Возом путују лепе, а саме жене. Леп си Обрене у тој униформи као они Грчки богови.

Једне ноћи прегледао ја возне карте, па седнем у свој кондуктерски вагон. Одједном, ко хиљаду бомби да експлодира, ја полетех у други крај вагона. Пошто се освестих, устанем. Мој вагон се накривио и наслонио на стену. Изађем некако. Вагони испред ушли један у други. Чујем кукњаву и запомагање. Налетим на неког човека, он пружа руке ка мени. Подигнем га. Тежак. Некако га натоварим на леђа, па уз брег до светла прве куће. Људи из села чули експлозију, знали су да је судар возова. Одмах су алармирали хитну помоћ Крушевца, Ћићевца и Ражња. Овог човека оставим у ту кућу, а пре тога му узмем новчаник који је био испао док сам га носио успут. Њему је међу првима указана помоћ.

Износио сам повређене, носио, падао, гребало ме грање и трње, сав сам био поцепан. До јутра све смо повређене изнели, а ја тек сада познах где се десио судар. Понекад сам чамцем долазио овде у Ђуниски кланац и пецао између Сталаћа и села Ражањске Браљине.

Кад дођох кући испричах Јели о догађају и дадох јој онај новчаник. Она сакри новчаник и од мене и од ње. Само је извадила легитимацију и видосмо да је Француз.

После неког времена замолио сам једног професора француског језика да ми напише писмо на француском. Послао сам га на адресу из легитимације. Кроз пар дана неко зове на капији ''Обрене, о Обрене!'' Изађем и видим двојицу непознатих људи. Један сувоњав и висок, а други дебео, низак и лепо обучен.

-Јеси ли ти Обрен? – упита ме овај сувоњави човек.

-Ја сам – реко.

-Овом човеку си спасао живот. Дошао из Француске да ти се захвали.

Тада ми тај човек приђе, загрли ме и свог изљуби. Плаче. И ја заплаках. Изађе Јела, а онај што говори Српски нешто рече овом човеку. Уђосмо у нашу једину собу. Унутра чисто ко у апотеци. Јела одмах изнесе слатко, кафу и ракију. Из једног козијег торбичета у коме чува осушене траве и босиљак. Јела извади новчаник. Он узе новчаник, отвори га, а на лицу чуђење. Врти главом, гледа у нас, па у новчаник, онда у преводиоца, па опет у нас. Нешто рече овом сувоњавом, а он нам преведе. Пита колика ми је плата и шта радим, а шта ради Јела. Реко ја. Он гледа у нас двоје, подиже обрве, чело му се намрешка, а на лицу запрепашћење. Онда упита да ли смо знали колико има пара у новчанику? Јела рече да је видела новац и да не зна колико има.

Још смо дуго разговарали. Он нам се све време захваљивао што смо му спасили живот. Јела их понуди да ручају. Француз одмах прихвати. Изнесе Јела чорбу са зељем моравским зачињену млеком и јајима, а онда изнесе пуњену суву паприку са кромпиром и чварцима.

Гордана Спасић

(1953)

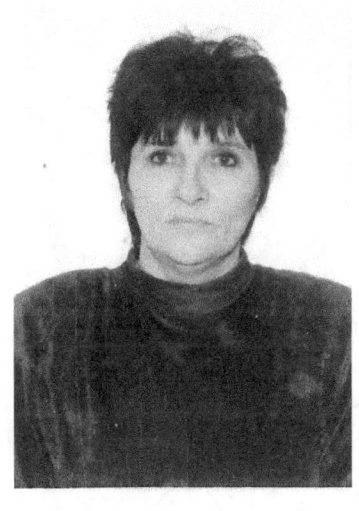

Рођена је у Славонској Пожеги – Република Хрватска, где је живела до завршетка основне школе. Доласком код рођака у градић на југу Србије 1968. године остаје и уписује средњу школу смера – фотограф.

После завршетка школовања, оснива своју самосталну фотографску радњу, где је радећи почела да пише и своје прве стихове. У слободно време бави се и сликарством. Члан је удружења ликовних уметника "Јустинијана Прима" из Лебана. Учествује на ликовним колонијама домаћег и међународног карактера. Излагала је на више групних а имала је и неколико самосталних изложби. Поред тога давала је вечери поезије. Бави се писањем поезије за децу и одрасле. Живи и ради у Лебану.

Немој ништа да ми кажеш

Немој ништа да ми кажеш

Само ћути,

Ћути и гледај,

Јер очи твоје говоре све.

Затворио си тугу у срцу

Ал' очи не можеш,

Оне одају те.

Одлутао поглед твој

Са мислима ко зна где

И сад си негде тамо далеко

А око себе заборављаш све.

Немој ништа да ми кажеш

Јер очи твоје говоре све,

Ал' погледај сада

Мало испред себе,

Видећеш оне

Које воле те.

Још увек се надам

Ноћ, месечина и снег,

о како лепо нечујно пада.

А ти си тамо негде далеко,

Чему срце моје да се нада.

Гледам кроз прозор

а све се бели,

мисли моје одлуташе тамо

где први пут ми смо се срели.

Месечина и ноћ,

а снег тихо још увек пада,

а ја ишчекујем шкрипу

корака твојих,

јер срце моје

још увек се нада.

Његове очи

Хладне руке
Прислањам на груди
А погледи, сретоше се наши
И топли талас
Прође ми кроз тело
Те ме очи тако уздрмаше.

Руке тешке
Као санта леда
А он ме тако
Без трептаја гледа,
Чудно нешто из очи му зрачи
Поглед његов
Од мене је јачи.

Хладне руке
Прислањам на груди
Неби ли срце
Умирила своје
Те ме очи чари направише
Руке моје
Беспомоћно стоје.

Да ли се сећаш

Поклони ми само један цветак,
ал' од срца.
Један поглед,
Може и без речи.
Исто онакав као онај петак,
Да ли се сећаш?

Напиши ми оне две речи,
Што писао си на папиру
Ко зна колико пута.
Волим те, волим те, волим те...
Да ли се сећаш?

Волите се људи

Зором кад петлови запевају,
и сунце лагано на истоку руди,
а црвркут птица чује се весели,
волите се људи.

И дан кад лоше вам крене,
а туга нека притисне вам груди,
и сузе туге низ лице кад крену,
волите се људи.

И џеп празан кад остане,
боре на челу усеку се неке,
рука пријатеља помоћ вам нуди,
волите се људи.

И старост кад почне да куца на врата,
и седа глава хвата се штапа,
и живот овај још мало вам нуди,
волите се људи.

Божја воља

Тмурно небо
Све тмурније над нама
И тужна лица људи
Упрта погледа у даљину
Што прекрива тама.

Кад бих имала неку моћ
Да чемер и тугу
Покретом руке своје
Заменим смехом,
И усахла тужна лица
Нестану за једну ноћ.

Господе,
Разгрни облаке црне
Да видиш децу своју
Гладну, босу, јадну,
Купане у зноју.

Окрени страницу књиге своје
На којој пише
Да туге, чемера
И уплаканих лица,
Деце твоје, неће бити више.

Чудо једно

Процветао цветак
На велики петак
Усред једне баште
Ал није из маште.

Олистала лоза
Побрсти је коза
Усред винограда
Побегла из стада.

Излегла се ласта
Наврх једног пласта
Видела је мачка
Па ласту помљацка.

А кроз шуму
По сред пута
Шепури се један јеж
Сви га само загледају
Па од њега беж.

Уплашени зека

На сред баште у купусу
Мали зека прави штету.
Пуца купус под њушкицом
Умива се са шапицом.

Дигао уши, ослушкује
Чини му се неко иде
На задње се ноге диже
Али шушкање
Све је ближе.

Сакри главу испод листа
Јер ту нису посла чиста
Бије срце у грудима
Нема шале са људима.

Нова мода

Јесте ли видели децо
Како цело лето
Једно сиво маче
Чува црно псето.

Дугоухог зеца
Чува жута лија
А са једним мишем
Играла се змија.

То је сада децо
Ето таква мода
Да се опет воле
Лисица и рода.

Анђелковић Гоца

(1959)

Рођена је 7.априла у Земуну. Дипломирала на факултету Политичких наука у Београду 1982. год. Аматерски се бави поезијом и сликарством. Трептаји, усхићења и смисао љубави, основа су песама ове љубитељке писане речи у широкој лепези љубавне емоције према човеку у природи. У сталној жељи да досегне врхунац дескрипције ове есенцијалне и универзалне емоције, она се разапиње до саме религиозне утемељености.

ПЕСМА ЗА МАРИЈУ

Пишем песму за тебе.

За твоју дечију бригу и оданост,
за твој нежни додир мени на радост.

За сваки тренутак са тобом проведен,
да ко вечити спомен остане забележен.

За живот дугиним бојама обојен,
за мир и спокој којим опстајем.

За срећу у којој окупана лебдим
и као рајска птица летим и летим.

За смех што као пуцањ пара даљину
и као снег зимски окива планину.

За васиону што због тебе постоји
и твоју љубав да је заувек освоји.

ПОСЕТИЛАЦ СНОВА

Стално ме у сновима посећујеш.
Крај потока у коме се сунце огледа
и вода пламти,
у хладу уснулог бреста
што на ветру дрхти.

У сенци високог камена
чије су бразде трагови мраза.
изнад снажног водопада
где су капи светлосна стаза.

На ливади тек покошеној
на чијим откосима паук залутали дрема,
на пучини морској
пловећи у лађи у којој ме нема.

Незнанче ноћни,
зашто ми мира у сновима не даш,
зашто мисли моје својим ликом испредаш.

Зашто тело без снаге осетим,
сваког јутра када се пробудим.
Да се можда на јави од тебе не скривам,
па те зато ноћу у сновима призивам.

СЕОСКА ЦРКВА

Тишина белином влада.
Снег густо, непрекидно пада.
Само се небо модро плаво,
кроз снежне пахуље назире нејасно.

Хладноћа оковала оголеле гране,
тек понека бубица под кору стане.
Лавеж паса одзвања даљином,
док немирни ветар ковитла ширином.

Високо изнад кровова кућица,
уздигла се бела сеоска црквица.
Крст црквени сјајан и у помрчини,
вековима у селу малом небу стреми.

О празнику сељани се окупили
и Господу Богу с вером помолили.
Тамјан ушетао у косу и одећу,
а руке старачке и дечије припаљују свећу.

Све одише мирноћом, тајанственом лепотом.
Сједињили се сељани црквом и животом.
А кад ноћ се на кровове спусти,
само снег тамом непобеђен, светлуца густи.

ЛЕПТИР

Моја је љубав као листак бреста,
што дрхће на призвук гласа твога.
Као кад лахор заструји на ливади,
па лептира што на цвету снева уплаши.

Крилима од свиле затрепери кратко,
па на латице шафрана спусти се лако.
И мирисом нектара слатко се опија,
до заноса, док му не отупе сва чула.

Опчињена тобом, ја сам као лептир занесени.
Твоји су пути моје цветне стазе.
Твоји пријатељи, пчеле моје другарице.
На ружин трн слетећу, тебе дозиваћу.

А у сумрак кад све гасне
и природа се на починак спрема,
спустићу се на листак бреста
и маштати да сам ти невеста.

ИМЕ КОЈЕ ВОЛИШ

У гласу ти име моје лебди.
Нежно дира гласне жице као дирке на клавиру.
У вечери дуге, топле, док славуји певају.

Испредаш са њиме лепршаве приче, тајне.
И све стазе звездане, крајолике надеваш непознате.
Оно лебди када сневаш, док дан нови не осване.

Име слатко, сјајно и умилно.
Крадеш га по собама, жустро и нестрпљиво.
Увијаш у музику, за певање заносно.

Као лептир када нежно на цвет слети.
Оно као ехо, са усана ти у небо полети.
Потом чезнеш да си птица, што га у лету ухвати.

Зоран М. Јовановић
(1969)

Магистар економских наука, ради у Пошти Србије.

Награђен на конкурсима за поезију:
-у Суботици 2009. за песму на тему Вино-Боеми-Роми.
-конкурс УСКОР-а ''Драган Жигић'' 2012. године **ПРВА НАГРАДА**
-конкурс ''Јадарски Одисеј'' Поета, **специјална награда** за родољубиву поезију 2013.
-конкурс књ. Клуба Соколово Перо, у Соко Бањи 2013. године, **трећа награда**
-конкурс у књ. Клубу Душан Матић у Ћуприји 2013. год. **повеља** ''Бата Ждерић''
-Фестивал поезије у Барајеву 2014. године – **друга награда** за љубавну поезију
-УСКОР, 2014, Београд – **специјална похвала**
на конкурсима за афоризме
-на конкурсу ''Милован Илић Минимакс'' у Новом Саду, **3. награда,** 2011. и 2013. године
-на конкурсу ''Оловко не ћути у Барајеву'' 2011. године **1.награда** и 2012. год. **3.награда**
-на конкурсу КК ''Душан Матић'' у Ћуприји за 2012. годину **1. награда**
-Сатирична позорница Жикишон 2014. Параћин – **специјална награда ''Зорам Матић-Мазос''**
-Сатирична позорница Жикишон 2015. Параћин – **специјална награда ''Зоран Матић-Мазос''**
на конкурсу за кратку причу:
-у Лесковцу 2010. године на конкурсу, ''Вукашин Цонић'' **друга награда**

-У Београду, 2014. године на конкурсу "Мома Димић" **прва награда**

На песничким маратонима и сусретима песника

-**друго место** по оцени жирија публике на песничким сусретима у Алексинцу 2012.

-**треће место** по оцени жирија публике на Поетској позорници у Ћуприји 2012. и 2014.

На међународним књижевним манифестацијама

-**Специјална награда**, Карамdanови Поетски Средби, Радовиш, Македонија 2012.

-**Платинасти афоризам и најизазовнији афоризам, најдуховитија сатирична прича и најдуховитија сатирична песма**. Мркоњић Град, Република Српска, 2014.

ИМЕНОВАЊЕ

Именујем те чуварем блага!
Тебе, што си јој близу!
Чувај јој очи, да не ослепи
од лажног сјаја и обећања.

Именујем те чуварем блага!
Тебе, што крај ње пролазиш често!
Чувај јој срце, да не препукне
због лажне наде и осећања.

Именујем те чуварем блага!
Тебе, који је сваког дана виђаш!
Чувај јој здравље, да не оболи
због охолости и жељна греха.

Именујем те, чуварем блага!
Буди ми очи, гледај у њу
Буди ми руке, заштити је
Буди пријатељ, кад живот боли.

Именујем те чуварем блага!
Тебе, човече!
Пријатељу!
Њу ми чувај, непроцењиво вредну!

СУДБИНСКА

За жену признајем што и Јесењин,
и, молим, нека остане тако!
Нека ме нико не пита зашто
Због ње, бар, никад нисам плак'о?!

За жену признајем што и Јесењин,
јер са њом, увек, знам шта плаћам.
Знам колико љубав вреди
јер немам снаге да јој се враћам.

За жену признајем што и Јесењин,
она једина само даје!
Никад не каже да, силно, воли
и не занима је колико траје.

За жену признајем што и Јесењин,
не мора да јој се изнова вратим,
јер, док сам друге плаћао душом,
ову могу новцем да платим.

**"За жену признајем само курву
поштене нека се не наљуте"**

Сергеј Јесењин

ТАНГО

Ближи се последњи танго!
Одиграћу га као што никад нисам.
Нисам плесао,

али сам рођен, знам, са њим,
мени је танго у крви!
Та игра бола, ватре и страсти
последњи пут се игра као први.

Не постоји начин
да се тај танго спречи,
јер од живота пуно је већи.
Ту игра ватре, бола и страсти
одиграш срцем
и на позорницу уморан паднеш.

Онда, кад танго крене,
кад се плоча заврти,
На подијуму за игру
никога неће бити.
Сем танга, мене и смрти!

Одиграћу га, маестрално.

Туга

Насликај дрво
и сакриј се
од себе.
Ћути...
и жмури
док се тражиш.
Поломи огледала,
разбиј стакла,
баци камен у воду!
Уништи све!
Све у чему
можеш да видиш
одраз свог лика.
И моје очи...
Превише туге

крије се у њима.

ЛАЖ

Рашири крила,
бели лабуде.
Лети високо!
Та моћна крила,
даће ти снагу
да не потонеш
у море лажи.
Лети лабуде,
у слободу!
Нека те крила,
бела и снажна,
дигну високо!
Да не потонеш
у море суза...
Подигни главу,
рашири крила
и лети, лабуде!
Лети право ка сунцу!
Нек лешинари
остану гладни.

Младен Ђорђевић
(1986)

Рођен 25.09. у Лесковцу, живим у Горњем Бријању, општина Бојник. По занимању учитељ (професор разредне наставе).
На конкурсу "Борине недеље" 2010. године у Врању, у конкуренцији студената освојио сам **прву награду**. Објављивао сам песме у Синергији, просветном синдикалном часопису, у електронским часописима и зборнику Књижевног клуба 21 из Смедеревске паланке...

Помрачење свести

не газите реку
која воду боји немиром
оставите да ране зацеле
свако копање
по свести заборава
дубље урезује понор страдања
зар мртви немају права на спокој
чије ће сломљене кости донети осмех
чије ће свеле руже значити успех
пустите да мирно спавају
када их будне није заобишла
бура безумља

Туга и опомена

где ходају људи без лица
живот нема смисла

уши чују сопствене јауке
јер су речи без покрића

блатњаве беоњаче
не могу угледати сунце

изопачен
окрњен
заостао
дух се бори
за своју мисао

Секира истине

"За Раскољникова настаде чудновато време:
као да нека магла одједном паде на њега
и затвори га у безизлазну и тешку усамљеност"
Ф.М.Достојевски

Оштрица беду пресвлачи у светлије хаљине
лице хладно скрива недоумицу
жртва за босоногог дечака
или нестварна илузија
тек се провлачи данима
разарајући и оно мало памети
што се дало сачувати
мноштво излаза се своде на једна врата
хладан је пут до истине
често са собом носи усуд
док се спас налази у измученој души
и свевишњем љубљењу
али терет остаје за вратом
нема праведног убиства
као ни непримерене казне
поготово кад је човек сам изриче
и достојанствено одслужи

Бескућник

Изгубио си смисао снова
очи ти губе сјај
док на каменом кревету
скупљаш прашину пролазника
подигнуте руке изнад чела
једине су твоје речи
које одавно нико не чује
време те брише са списка обичних људи
сенко спотицања успешног света
за твој одлазак нико неће знати
твој гроб се неће видети
неприметно ће пси газити по њему
као што си неприметно и живео
једине сузе за тобом пролиће небо
кишом која ће гасити прашину
када више не буде падала по теби

Овде

кораци су тешки
када корачаш путем
који спуста прашину
зенице хватају зрак немоћи
док ишчупаних ноктију
гребеш сопствено лице
изгладнеле очи упрте су у тебе
осмех је грч образа
овде се људи не смеју
промена реч без смисла
осиромашена и осрамоћена
ветар ти слама кости
пробија одело властите коже
и док се избориш са појавом немогућег
већ уместо чела имаш боре

113

и сводиш рачуне
да ли је било боље корачати
или стајати у место
и сакрити се сенке

Стана Минић
(1970)

Пише песме од ране младости, од којих су многе објављене у часопису ''Стиг'', Глубочица 88'', ''Пролеће у Јабланици'', ''Књижевни пут'', ''Окретање точка'', ''Ветрењача'' и др. Освојила је **прво место за** најбољу песму на сајту ''Поезија СЦГ'' 2009. године по гласовима посетиоца сајта.

Вечита инспирација за сваку њену песму је тражење смисла живљења и искрена и чиста емоција као привилегија људског рода. Њени стихови одишу лепотом, ишчекивањем, плашљиви у срећи и несрећи, болним сећањима и потајном надању. У преплитању среће и туге, доживљеног и неоствареног, стварног и сањаног рађају се радости и бол на путу према вечности, или је то вечност једног тренутка.

Рођена је у Рујковцу, општина Медвеђа.

ИЗГУБЉЕНИ СНОВИ

Малено зрно песка
неким чудом чврсто стоји
на последњој дугиној боји
довољно далеко
од корова и клетви
Последњим атомом снаге
Аска се рађа у дну зенице
Почиње игра изгубљених снова
Играм играм док стојим
на ивици скривеног понора
док се стежу
окови у грудима
Срце то је снага богова
ту снагу свако не убија
Играм нека се мешају
крв сузе и зној

играм за корене своје
за живот свој...

Трнова ружица

Шта је то остало
Баш никоме дато
После толико времена
Чак није ни продато
Шта си то око моје
За мене сачувао
Крио од људи од судбине
У којој то дугиној боји
Сакри моје име
Да ли си маштао можда знао
Да бићемо заједно
На западу живота
Имати нешто наше
Наш сто песму зидове и страхове
Да ћемо пити
Из исте чаше
Додир ко жар а поглед свила
Упијам сваку црту
Твога лица
Ма мора да сам
Све ове године преспавала
Сад се будим ко ружица
Срећна што волим поново
Као кад ме је Јабланица
Жубором поздрављала
Баш као онда
Кад били смо деца.

Волим те

На истоку мог јутра
очи боје кестена
топло ме гледају
На јастуку сан
недосањан
пред јавом бежи
и пред људима
непознатим
а ипак
истини све ближи
Умирем тамо где сам
рађам се
где не постојим
На стази бих тој
случајно да се нађем
небо твоје да освојим
сунце постанем
у душу се уселим
па мисао по мисао
да ти крадем
На длану бих твом
Две речи да напишем
у зеници се огледам
волим те
а све чиним
да тако не изгледа.

У кишној ноћи

Исплачи ноћас и моје сузе
небо моје ко судбина црно
ма до последње капи
исцеди облаке камене
бар нек се очи склопе суве
Нек љубави не остане

ни једно једино зрно
не мора ни да осване
кад се кида наде трачак
Срушићу ноћас зидове
оне наше црвене и зелене
зидове наше љубави
и теби рећи одлази
Без душе живећу вечно
да само тада срце биће срећно
Разбићу ноћас сећања
да их никад не саставим
проклети ноћ дан и судбину
умрети од чекања
у тишини
ма и њу ћу здробити
и заробити у истини...

Плава звезда

Све звезде на небу досегнути могу
довољно је само да испружим руку
и баш све бацити кад пожелим
сем једне далеке плаве и хладне
са којом бих и пакао да делим
па ноћи моје самотне и јадне
узалуд миришу на млеко од кокоса
убијају сни кад сањам што желим
јер обоје нисмо јачи од поноса.

Та звезда јуначки ледом ми пркоси
но ја осећам и знам да јунак није
случајно некада давно
ја бејах сведок њене слабости.

И та река што између нас тече
велика је и широка без иједног моста
и то небо плаво што га црни вече

притиска ми душу баш где рана оста
од сећања једног на загрљај среће
на поглед плав и недоречен.

Пораз не желим победу не сањам
само бих ето да чекање наплатим
да ми на длан падне звезда плава
да је као благо у своје снове вратим
јер толико дуго немо сам је звала
носила у себи у срећи и жалости
ако је грех волети
нека ми бог опрости.

Слађана Тања Благојевић
(1954)

Рођена је у Орашцу. Основну и средњу школу завршила у Лесковцу, где и сада живи.

Поезију и прозу пише још од основне школе.

Члан књижевног клуба ''Глубочица'' од 1995. год. Објавила је прву збирку песама у којој су заступљена три циклуса: љубавних, родољубивих и песама за децу под називом **''Трепери срце''**.

Другу збирку са љубавним песмама, песмама за децу и циклусом под називом **''Да се не заборави'' (о ратној 1999.-ој)**, наслов књиге је **''Звездане стазе''**. У трећој књизи поред песама и прича за децу налази се и збирка рефлексних и љубавних песама као и једна прича за одрасле ''Излет''.

ИЗ КЊИГЕ ''ЗВЕЗДАНЕ СТАЗЕ''

1999. ГОДИНА

ДА СЕ НЕ ЗАБОРАВИ

КОГА НЕ БОЛИ, ЗАБОРАВИЋЕ СВЕ
КОГА БОЛИ МАЛО, ПОТИСНУЋЕ СЕЋАЊЕ
У СЕБИ.
АЛИ СЕ ПИТАМ?
ТИ ШТО ИЗГУБИ НЕКОГ,
ТИ ШТО МОЖДА НЕ ХОДАШ ВИШЕ,
ИЛ МОЖДА ТИ, ШТО ЈОШ УВЕК
ИЗГУБЉЕНИ ДОМ СВОЈ САЊАШ.
ПИТАМ СЕ, ПИТАМ, ПИТАМ КАКО ЈЕ
ТЕБИ.

ЗЕМЉО МОЈА РАЊЕНА

Земљо моја рањенице
тешке су ти ране

да ојачаш, да заблисташ
демони ти бране.
Тек што ти се грана олиста
и слободно прхну јата
несрећнице ти си жртва
опет неког тешког рата.
Над тобом се небо цепа
крваве ти реке теку
удара ти брат на брата
чизма гази траву меку.
И све ти се руши
дим трулежи гуши.
Рањена ти крила
што нас нежно грле
пламени језици сад горе и прле.
Из самог пепела и црне дубине
снага твоја у облак се вије.
Не даш да се закука и пати
моја земљо, моја мила мати.
Ратови су оставили трага
многа деца отишла без трага
а ти главу држиш поносито
под пазухом носиш ново чедо скрито.
Вековима ратујеш и владаш
поклела би али ти се надаш
подижеш нас као сиви соко
те лепоте да нам види око.
Да не дамо никад наша поља
хранилице твоје деце миле
да не дамо бистре реке наше
ни планине поносите виле.

78 ДАНА

Мирис мемле подрумске.
Страх и мрак.
Лажна сигурност.

Људи и деца без збора, без избора.

Дан за даном.
Из ноћи у ноћ.
Месец за месецом.
Аветињски звук завија.

Сирена, авиони,
авиони, сирене
каква смена.
И бију битку рат и сат
смрт и плач
жеђ и глад
Утробу сече мач.

Гуши смрад експлозива.
Смрад зла
смрад безумља
бесмислено је
да се савест призива.

Поглед у подрум
поглед у небо
страх и мрак
у очима, у срцу, у души
све мучи, све тишти, све гуши.

ЧОВЕК У СРБИНУ

И надви се тама над нама.
Просуше се громови, подмукли, мукли,
задрхта народ, природа, небо и миран сан.
Дотакосмо дно очаја.
На све стране одјекује бес,
неких страшних олуја.
Немир се увуче у ноћ и дан.
И тражимо пут из таме у светлост.

Храбримо срце да издржи.
Док бомба пада на наше главе
а земља се спаљује и пржи.

И посејаше тло наше неке авети.
И ниче смрт..плод сатанског ума.
Вапе душе невине из рушевина, кућа
и преораног друма.

Новорођенче се са погледом на смрт рађа
а не зна ни живот шта је.
О Боже. Безумља ли!
Шта се то догађа.

О слуге сатанске!
Јесте ли сити српских поља, градова, тела?
Јесте ли поносни на нечовештво
на гнусна дела.

Кукавица вам у срцу кука.
Хероји нисте.
Изнад облака вам не видимо лице.
Лепршају, лете, стрепе само уплашене птице.

И створи Бог земљу и створи на њој људе.
Ал човека! У србину само!
И да му снагу у срцу, души
и да му вољу да опет гради
Што му зла сила руши.

Тело се..свакако убити може.
Ал дух се силом не баца на под.
Зато нестаните. Идите са нашег неба.
Не бојите у црно наш прелепи
плави небески свод.

ЗДРАВИЦА СРБИЈИ

Нека ти Србијо буде крај туге.
Нек престану ноћи бесане и дуге.
Нек возови среће љубе своје пруге.
Нека небо красе шарене дуге.

Нека ти ничу мостови среће
нека ти куће буду још веће
нек авиони бацају цвеће
нека се пале славске свеће.

Нека се Срби у здрављу срећу.
Нека се слободно Србијом крећу
нека се увек братски веселе.
Нека се воле нека се желе.

Нека ти Србијо рађају поља.
Нека ти дођу времена боља.
Нека ти реке весело теку.
Буди ми срећнија у новом веку.

Нек ти се деца рађају више
будућност златним словима пише.

Љубинка Младеновић

Рођена је у Лесковцу. Детињство је провела у Паризу. Живи и ствара у Лесковцу.

Данас је већ позната и афирмисана песникиња. Објавила је пет збирки песама: **Оловка пише срцем (два издања), На крилима песме, У пољу белог папира, Мале а велике радости и Дечји свет. Рођена земљо** је њена шеста књига. Пише са пуно љубави о детињству и одрастању, о завичају, о природи, о животињском и биљном свету, о предметима око нас.

Члан је Књижевног клуба ''Глубочица''. Своје радове објављивала је и у издањима КК ''Глубочица'' – *Глубочица између обала*. Учествовала је на многим конкурсима. Добитник је награде КК ''Бранко Миљковић'' 2006. и 2007. године.

ИЗ КЊИГЕ ''РОЂЕНА ЗЕМЉО''

НЕ ЗАБОРАВИ СВОЈЕ ОГЊИШТЕ

Знам да за мном плачеш дуго.
Јутром сузама лице мијеш.
Молиш се за ме, старице моја,
док речи дрхте, ти поглед кријеш.

Отац је стари, пун брига јада,
(његово срце друго не иште)
чврсто ми руку стезао тада.
''Не заборави своје огњиште.''

Чврст као бедем, јак као стена,
стезао је срце, док бије јако.
Знам добро, да је кад нема никог,
за мном жалио и горко плакао.

С лица сам читао његове мисли
и жељу што у срцу дрема:
"Схватићеш, сине, једнога дана,
од земље своје боље нема."

У здравље иди! Здраво нам дођи!
И кад нас једном више не буде,
сети се свога огњишта, сине,
и ове свете родне груде.

ЧЕЖЊА

Није само што те снијем,
већ ми срце теби хоће.
Земљо моја, доме мили,
срце стрепи због хладноће.

Нису ово приче празне,
тек да коју реч изустим.
Мајко мила, мили доме,
увек за те сузу пустим.

Одавно ти дошо нисам,
па ми чежња груди пара.
Чим уморне очи склопим,
Видим тебе, мајко стара.

Још осећам мирис сена.
Видим, на ливади, цветак жут.
Видим руке што ми дуго машу
и твој поглед забринут.

Не брини се ти за мене.
Моли Бога дан да сване.
Ето мене с првом ластом,
у цик беле зоре ране.

Не чекај ме поред пута,
ко кад си ме испраћала,
јер ја сам ти човек седи,
можда, мајко, ниси знала.

За то време чувај ми се
и у очај ти не падај,
већ се сину из далека,
старичице моја, надај.

ДОК ЈЕ СВЕТА

Није само да те хвалим,
и да то је моја воља,
истина је, земљо моја,
да од свих си ти најбоља.

Најпре што си душе меке,
цветних поља, бистрих река.
Потом, што си срца мека,
Свима блиска, не далека.

А, тек што си мати свима,
колико нас у те има.
Кад и странац у те сврати,
љубав своју ћеш му дати

Твоје срце баш широко,
бистар поглед, мило око,
груди меке, здраве, бујне,
и блиставе зоре рујне.

И кад скупим шта све дајеш,
чак и оном кога не познајеш,
љубав праву која цвета
док је века, док је света.

МОЛИМ СЕ ЗА ТЕ

Молим се за те, о, земљо моја драга.
Борим се пером, а не мачем.
Молим се за те, једина моја,
и када певам, пијем и плачем.

Волим те, моја једина мати!
Волим те у твојој народној ношњи.
И кад теќите звезда рој
и весели цврќут птица у крошњи.

Молим се за те, о, земљо моја драга.
Молим Бога чељад да нам чува.
Кћери и синови, храбри, честити и убави,
у теби се рађају из љубави.

Волим те, моја једина мати!
Волим твоје срце, топло и меко.
Молим се за те, најдража моја,
Иако сам, од тебе, доста далеко.

Цветковић Костадин-Ерсеновче
(1939)

Инжињер грађевинарства рођен је у Лесковцу у старој угледној трговачкој породици. Школовао се у Лесковцу, Власотинцу и Нишу. Више од 35 година радио је као пројектант у пројектантском бироу "Инкопројект" – Лесковац. Члан је Књижевног клуба "Глубочица" од 1998. године. Костадин је изричито дечји песник. Објавио је збирке песама:"**Бисери звезда, Нераскидиве везе,** "**Свет младости и** "**Цвеће цвећу**".

Своје радове објављује у зборницима "Глубочица између обала" и "Сазвежђа". Заступљен је и у "Лексикону писаца лесковачког краја". Као потпарол Удружења пензионера-Лесковац, објављује чланке у недељним новинама "Наша реч". Добитник је "Признања "Књижевног клуба Глубочица". Живи у Лесковцу где и пише своја дела.

ИЗ КЊИГЕ "ЖИВОТНЕ ВРТЕШКЕ"

ЛЕПОТИЦА

Жена, наша лепа пауница,
вољена је лепотица,
враголаста чаробница,
борбена лавица.

*

Симпатична је када се смеје,
очима неодољиво греје,
али када горке сузе рони,
вољеног прогони.

*

Милоусница богатство обожава,
сиромаштва се згражава,
комплименте са осмехом прима,
очима стално околину снима.

*

Лепоту фантастично воли,
за здравље своје Бога моли,
причање јој посластица права,
догађајима пуна глава.

*

Жена не воли лошу прошлост имати,
зато, за прошлост немој је питати.
Сања ружичасту будућност често,
воли у друштву почасно место.

МЛАДА ЖЕНА

Елегантна, лепа жена млада,
у мислима свакоме припада.
Тешко је лепотицу имати,
теже од напасника сачувати.

*

Девојка се не удаје за хероја
или човека племенитог соја,
већ ко верује у њене лажи мале,
пун љубави, шарма, пажње и хвале.

*

Племенита, млада, мудра жена,
нежношћу је испуњена,

носилац је идеја и радости,
не чини освете и пакости.

*

Голубица у животу хоће све,
узима оно што отети може,
у кући је умиљата мачкица,
распевана птица, мала лавица.

*

Жена жели мужа љубавника,
анђеоског заштитника,
брак јој животни циљ и радост,
највеће богатство лепота и младост.

ВРЕДНИЈА ОД ЗЛАТА

Искрена љубав вреднија је од злата
које има стотину и више карата,
лепша и од најлепшег цвећа,
милија , од расцветаног пролећа.

*

Љубав не познаје време,
рађа се и у невреме,
за новац се не купује,
са осећањима не тргује.

*

У љубави, отворених очију се сања,
нежно себе партнеру поклања.
Без поштовања, љубави нема,
игнорисањем, олуја се припрема.

*

"У погрешну жену када се заљуби,
цар може престо и живот да изгуби".
Секс је само жеља страсти и нагона,
било да је љубав лажна или искрена.

*

"Девојка обожава венчаницу,
удајом мисли на децицу,
са годинама, на новчанице,
у старости унуке и унучице".

ЉУБАВ МИРИШЕ

Права љубав живот значи,
у љубави постајемо јачи.
Искрена, као цвет мирише,
када се природа буди, највише.

*

Љубав нас оплемењује,
на лепоту и здравље делује.
У љубави, момак снагу доказује,
девојка нежност исказује.

*

Жена осваја осмехом и лепотом,
ведрином духа и добротом.
Када се двоје искрено љубе,
не долази до прељубе.

*

Лажљивица без љубави и нежности,
је жена по службеној дужности.
Благоусница, са љубавним речима
и осмехом, господари мушкарцима.

*

Љубљена госпа је стуб породице,
као код пчела матице,
краљица је нежности и лепоте,
роб дечјих жеља и доброте.

МИЛОШ ЦИЦМИЛ

(1939)

Пјесник Милош Цицмил рођен је у селу Пишчу, у Пиви, Стара Херцеговина. Завршио је гимназију, а потом редовно и у рекордном року Филозофски факултет у Сарајеву. Као професор предавао је у гимназијама у Калиновику,Кладњу и Вишеграду до 1980., када је гимназија укинута, а отада у ткзв. шуварици до почетка рата, априла

Објављивао је чланке, полемике, рецензије у различитим листовима диљем Југославије, као у Монитору, ЦКЛ и другим листовима. Заступљен је у низу публикација. За чланке из публицистике, који су превођени и на стране језике, добијао је и похвале и награде.

Објавио је осам књига рефлексивне поезије, и то: ОСКОРУШУ, ТРАГОВЕ, ЦРВЕНИ НЕУМ, ФИРИЈУ, ТАМНИ ВИЛАЈЕТ, ПОВРАТАК, ПУЧКИ ДРУМ и ФИРИЈУ.

Пјесник Милош Цицмил пише пјесничким, езоповским језиком, изразито сажето и сликовито.

ЈОЈИН БАЈА

"Гадарија треба да се стиде они који их чине, а не они који о њима говоре и пишу." (А. Солжењицин)

Довео отац сина Бају у Никшић у школу да учи књигу. Након краћег времена дође отац да види шта му син ради. И нађе отац сина испред школе на игралишту како шута лопту.. Ухвати га за ухо као вола и право пред директора: "Добар дан, директоре, нијесам ја ову магарчину довео у школу да шута лопту, него да учи књигу. Него дајте ми одмах исписницу да га водим у Пиву да ми чува говеда и овце и да чисти њиве и ливаде!"

Отргавши се контроли оца, који је стално на терену, ради трговине, син Баја поче да се потајно ноћу забавља са кумом из дотичног села. Радознало село увелико бруји о том необичном преступу. А када је отац сазнао, би му веома тешко, па ће сину грешнику: "А је ли, мамлазе један, ја те осамнајест љета тимарим: и зобим и појим, а ти као пастув па право на куму, ко да нема других ђевојака, него одмах да си прекинуо. Образ си ми узео да

137

не могу међу људе изаћи. Радим и дан и ноћ, не савијам се кући, да би свима вама било потаман, а ти се помамљујеш, невајдило један. А знаш ли, тикване један, да је крштено кумство велико гријех? Имаш ли имало образа и стида? Ставио си образ под задњицу па радиш како ти страсти По доласку из армије Баја се спанђа са једном родицом из комшилука. Чак је и вјери на запрепашћење села. И овај пут отац задњи сазна, како то често бива, па дозва сина да не чује нико: "Шта ћу стобом, Невајдило један, опет си гријех направио, и то већи него са кумом. Па знаш ли ти, звекане један, да ти је она сестра? Питај њену мајку. Сестра ти је по оцу. Него одмах вјеридбу раскидај. Немој да те људи прстом казују као грешника, батал ђака и пропалог сељака.

Остави се прљавог друштва: лопова и силеџија, са којима само милиција и судови имају посла. Пођи трагом поштених људи. Ради, стварај, не кради Богу дане!"

Послије смрти свога оца, преко јаке везе очева у Фочи, двојице његових пријатеља, који му, мољакајући професоре, скрпише брзопотезну диплому средње школе, Баја доклипса у велеград код родбине да паразитира и просјачи, да полтронише и да се моћницима клања ради просперитета и лаког живота, нашто је од рођења свико.

Након пада социјализма, у току етничког чишћења и геноцидних ратова, када власт освајају црни, у једном вјетровитом и безводном, шњегопадном селу изнад кањона ријеке Пиве, договорише се два истомишљеника и сусједа: Баја као паша и његов сусјед пајташ као субаша да поново освјештају стару цркву, која се налази на крају села, па оснују црквени одбор, у који, поред себе, ради масовног покрића увуку и једног поштеног сусједа, сина комунисте и првоборца.

Освјештавање огласе за Петров дан, за чије слављe Баја од сељака прикупи добровољне прилоге у новцу. За један дио новца купе неколико шиљежи и нешто пића. Ражњеве шиљежеће мало попаре, ошуре, запеку и скину недопечене. Од сељака мало ко окуси непечену, крваву браветину. По завршетку слављa два самозвана одборника: Баја и његов пајташ своје велике замрзиваче напунише недопеченом браветином, тако да су се дуго времена издашно и слатко гостили младом планинском јагњетином.

А када је током ратова Баја продавао робу и љекове из Црвеног крста за избјеглице, наиђе на једну бистру и отреситу Пивљанку, којој понуди један инострани лијек за дијете, па нагласи да је лијек веома скуп, преко стотину марака, колико га је платио, и то испод руке. А она ће њему: "Знам, Баја, да си ти то мазнуо преко брата који навелико пљачка Црвени крст за избјеглице. Узимате робу, зеиру и љекове намијењене за избјеглице па довлачите из Београда овдје и продајете за месо, скоруп и мед. Није вам то хаирли ни берићетно. Онај одозго гледа и све види шта раде грешници и безбожници. Знам те, Баја, када си кубура дрвена био, и сада си, али на градску префарбана, још већи преварант и хоштаплер!"

Прежајући и вребајући гдје шта има да се улови, једне прилике понуди се Баја као посредник купопродаје неке викендице између продавца и купца у селу. Продавац, рачунајући да га комшија неће преварити, јер је од доброг оца, повјери продају Баји уз високу награду, а према договору: да ништа неће фалити од предмета из викендице приликом преузимања ствари на краћи рок. Међутим, не лези враже, деси се још горе него са јагњећим печењем. Више од пола ствари, и то оних најбољих и најскупљих, сву класичну литературу, нобеловце и сав кућни алат из Њемачке и Шведске Баја присвоји под изговором да су то узели неки сељаци, који су долазили код њега. Каква дрскост и По свом адету преваре и дрписања, дође Баја код једне земљакиње да прихвати неколике оке скорупа и преда њеном рођаку у Београду, како јој је био обећао. Али када је Баја видио добар кајмак, исколачи очи, зину и поче да се облизује као мачак на сланину, па комшиници рече: "Твом рођаку то не треба, он купује само овчији скоруп, а крављи не једе. Него дај ти то мени, па ћу ти нешто купити."

А она ће њему: "Е теби не дам, живина те зла изела, мало ти је и камења. Ставио си образ под гузицу па вараш ове јадне сељаке.

Мислиш да те не познајемо!"

Сличан му је одговор, али посредно, дала и једна друга луцидна комшиница, када је облијетао око њене кћерке учитељице: "Радије бих је и црном Циганину дала него оној поганчини: ниткову, преваранту, поджмирепу, оном паразиту и свашточињи!"

КОРЕНИ НАШЕ КЊИЖЕВНОСТИ

ВЕЛИКАНИ СРПСКЕ КЊИЖЕВНОСТИ

СТРАНИ ПОЗНАТИ ВЕЛИКАНИ

Доситеј Обрадовић
(1739-1811)

Доситеј Обрадовић био је српски просветитељ и реформатор револуционарног периода националног буђења и препорода. Рођен је у румунском делу Баната тадашње Аустрије. Школовао се за калуђера, али је напустио тај позив и кренуо на путовања по целој Европи, где је примио идеје европског просветитељства и рационализма. Понесен таквим идејама радио је на просвећивању свог народа, преводио је разна дела, међу којима су најпознатије Езопове басне, а потом је и сам писао дела, првенствено програмског типа, међу којима је најпознатије "Живот и прикљученија". Доситеј је био први попечитељ просвете у Совјету и творац свечане песме "Востани Сербије". Његови остаци почивају у Београду, на улазу у Саборну цркву, иако је његова изричита жеља била да буде сахрањен поред Хајдучке чесме у београдском Кошутњаку.

ОДЛОМАК ИЗ КЊИГЕ ЖИВОТ И ПРИКЉУЧЕНИЈА

ПОЧЕТАК МОЈЕГА ПУТОВАЊА

Шта је човек кад га каква страст преузме! Кад какво мечтаније ума ужеже му мозак, подбуни срце учини да сва крв у њему узаври! Био сам у то време у четрнаестој години возраста, ненаучен нимало пешице ходити; отићи из града у Фабрику и Малу и вратити се, то је мени доста било. Тај дан као да су ми ноге крилате биле; код салаша деда мога, спрам Семартону, ту смо после подне починули. Овчари семартонски, од којих неки су ме и познавали, нахранили су нас млеком и скорупом. Мој друг, које од пута, које од прошасте ноћи неспавања, крепко заспи; а ја се попнем на једну унку, и почнем гледати к Семартону. Дам се мало помало у мисли; једна идеја и мисал почне разбуђивати, подстрекавати и на памет доводити друге. Колико сам обладан био мојом будаластом светињом; но, овде натура предузме све своје правице и силу, сатре под ноге и у ништа обрати сва моја сујетоумна мечтанија и сујеверје. Дође ми на памет мати моја и мила сестрица моја Јулијанка. Сузе проливајући, начнем говорити: "Остај ми збогом, о предраго село, место рожденија родитељнице моје!" Паднем лицем на земљу, љубим земљу и с топлим сузама квасим. Никад у мом животу нисам тако плакао. Гледајући село у ком се мајка моја родила и расла; по ком се у детињству свом играла, младост проводила и с родитељем мојим венчала; у које сваке године на Ђурђевдан с браћом мојом, с милом Јулом и са мном долазила, родитеље своје на њихово крсно име, светог Георгија, посетити: "Остај ми збогом, вриштући једва сам изговарао, - земљо, души мојеј света, у којој сад леже кости њене и моје Јуле, слатке сестрице!" Срце ми је лупало у прсима; чинило ми се као да ћу издахнути.

Полежао сам као у несвести. Кад сам се по неколико опет у себе вратио, дошло ми је велико раскајаније што се од те миле земље удаљујем. Спомињем се, откад себе памтим из детињства, да сам неисказану радост имао кад би ми рекли: "Ићи ћемо у Семартон." С већом сам жељом чекао Ђурђевдан него Ускрс. Проводили би ту по десет и по петнаест дана. Трчао бих по пољу, играо бих се с јагањци, пењао бих се на унке; све детињски посли, правда, но у ономе возрасту, који је сама радост и весеље, ја сам находио у том таку сладост која је превасходила свако блаженство, а кад бих с поља дошао, како би ме дочекала и грлила мати, како сестрица! Све ми је ово тада једанпут пало на ум. Нисам могао опстати. Сад пролазим, може бити, последњи пут! Може бити за навек! Покрај блаженога места, остављам га за навек! И у њему кости мајке моје, родитељнице моје, и једине сестрице! Ко има срце чувствително, може помислити како ми је било! И сад пишући, по двадесет и пет година, возмуштава ми се утроба, сузе ми теку и весма тужим. По сата, или више, било ми је у усти "нано моја, нано слатка! Јуло, срце, Јуло, душо!" (мајку сам моју наном звао) и више би ту лежао, да нису се чобани око мене скупили и почели ме утешавати, а ни сами нису се могли од суза уздржати. Из овога судим да, да ми је мати жива била, или барем Јула сестрица, не бих никада из Баната изишао.

Био сам већ утешен, кад ми се пробуди друг, и, расуждавајући да сав мој плач ништа ми не помаже и да не ваља време губити, метнемо се на пут и дођемо у само вече у Итебеј к тетки мојој, рођеној сестри матере моје, Јеври. Задуго ме је загрљена држала и нада мном плакала. Сутрадан, видећи да нећу нипошто више да закашњавам, метнула ми је у торбу неколико танка беза за пар кошуља, и за јело нешто на пут спремила; плачући и љубећи испратила ме из села. Мени и Ники није било до закашњавања, јер смо се бојали да за нама потера не иде. Овде не могу изоставити да не назначим, без сваког пристрастија к мојему роду, да од свију народа које сам познао нејма милостивијега рода над српским, а најпаче к сродству. Од Херцеговине до Баната, у Босни, у Хорватској, у Славонији и у Сербији народи су весма милостиви и одвећ сродства љубитељи; и што се каса у старо време, весма похваљене добродетељи гостољубија, заисто, у том ови народи ни једном нису фтори.

Ови дан предвече дођемо у једно село код Тисе. Нађемо једног старог свештеника гди нешто у својој авлији теше. Питамо га како би смо могли у Срем прећи. Каже нам да се мучно прелази за велико наводњеније Тисе и Дунава; жали што његови синови нису дома, он би нас чинио пребацити на ону страну без плаће. Рекне нам да чекамо вечера, кад људи дођу с поља, да ће нам наћи кога ко ће нас за два или три марјаша превести. Но, откуд нама три марјаша? Ми нејмамо ни три крајцаре. Нужда даје савет. Онда ја извадим из торбе мој часловац, који је био јошт наполак нов, молећи га да учини задужбину да нас он да превести и да за то узме часловац. "То не би била никаква задужбина да ја то учиним", одговори добри свештеник, "него, ако вами није од потребе часловац, даћу вам за њега седам марјаши и постараћу се за ваш превоз. Остарио сам, и не могу задуго возити а бих вас сам превезао." Увече нађе нам једног момка који нас превезе у Сланкамен.

Ево ме у Срему, у земљи наследија последњих српских деспота. Сутрадан, неки Карловчанин, враћајући се с празних кочија дома, довезе нас за неколико грошића у Карловце, гди преноћимо и рано ујутру почнемо путовати по пожељеној Фрушкој Гори. Пролазећи испод Ремете и Крушедола, нисмо смели ни навратити се у ове манастире, да нас како калуђери силом не задрже. Хопово нам је у срцу било; к њему смо се таштили. Око подне дођемо у Ириг и упутимо се к манастиру. Како нам је год рекао Тодор калпагџија, како пређемо на манастирску земљу, учини нам се као да смо у едемску башћу дошли.

Иде се све покрај једног поточића, поред кога стоје насађени велики ораси и друга древеса која га осењавају и чувају од сунца. На левој страни виде се брда и холмићи, покривени с виногради и воћњаци. С десне стране потока пружила се једна веселовидна долина, сва покривена и украшена с ливадама пуним злака и цвећа селнога, која се протегла до близу манастира, а с оне стране долине, рекао бих да су царске башче. Виноград до винограда, окружени и накићени са свакојаки плодовити древеси, брдо над брдом и холм над холмом као да се један на другога другољубно наслонио, и као да је један сврх другога своју поноситу главу помолио како ће лакше ону красновидну долину, сестру своју, и поток, њена љубитеља који је загрљену држи, и оне који покрај њега пролазе, гледати и сматрати, и како ће у исто време свак своју великолепну, са сви пролетњи, летњи и богати јесењи дарови надичену и преукрашену главу показивати и очима свију представљати. Холм од холма лепши и дичнији, а сви заједно неисказане красоте и дивоте. Тихослатко и љупко шушчење и играње с долином потока, весело различних птица појање, кротко и прохладно ветра диханије, и његово с лишћем преметање, дају ушима једну тако слаткослишну музику, да доводе човека у савршено заборављење себе и у иступљеније ума. Благоуханије ливадних цвећа и свакојаких воћа обалзамљавају они кроткопитоми воздух. Не зна ко како том блаженом долином прође, како ли к манастиру дође. А кад дођосмо к мом љубимом Хопову, шта ће ко пре гледати, шта ће разматрати? Чему ли ће се више дивити и чудити? Да сам био сав око, пак да сам на све стране у један мах гледати могао, ни тако не бих се оне красоте нагледао. Ко би хотео знати шта бих ја рад овде описати, а не могу, нека само оде од пролећа до јесени, кад му драго, у Хопово, пак кад се дома врати, видиће хоће ли моћи све што је чувствовао исказати. Иакључавам оне који, предати неким страст'ма, све им је остало једнако, та ишли покрај рита, та покрај ливаде, та слушали жабе, та славује; говорим за оне који имају срце чувствително сваке красоте божјег створења. О, родитељи, и ви, учитељи и управитељи безлобне јуности, ову вечну књигу отварајте у свако времевашим чадом и учеником; привикавајте их израна да осећају, да познају и да чувствују премудрост, благост и богате даре творца свога у створењу. Ову саму књигу, без никакве друге, Мелхиседек читајући, свештеником вишњег бога постао је. Ово је књига Аврамова, Јовљева и свих патријарха, кад јошт није било никакве друге, коју, читајући, к високој су мудрости, сиреч к познанству бога достигнули. Жива и дејствитељна књига, из које у свако доба, сваки час и свако тренуће ока, к очима, к ушима, к свим чувствам, а навластито к срцу нашем, бог говори: небо са сунцем, месецом и звездама; земља са свим шта се у њој движе, пролеће, лето, јесен и зима, свако диханије и свако створење до најмањег мравка и мушице. Из све ове књиге бог говори к свим људима: "Познај, чловече, творца твога, творца вечнога и јединога, праведнога и милостивога. Нек чувствује срце твоје, за то је створено, јер иначе не можеш бити благодаран разве чувствујући; и колоко више будеш чувствовати, више ћеш благодаран бити, више ћеш благодарити, више ћеш љубити, више ћеш се силити за испунити свету и праведну вољу његову.

Јован Јовановић Змај

(1833-1904)

Један је од највећих лиричара српског романтизма. Најзначајније Змајеве збирке песама су "Ђулићи" и "Ђулићи увеоци", први о сретном породичном животу, а други о болу за најмилијима. Године 1870. Змај је Завршио студије медицине, па се вратио у Нови Сад, где је започео своју лекарску праксу. Ту га је убрзо задесила породична трагедија умрла су му деца, а потом и жена. Из ове породичне трагедије произишао је низ елегичних песама објављених под заједничким називом "Ђулићи увеоци".

ЗБИРКА ПЕСАМА "ЂУЛИЋИ УВЕОЦИ"

IX

Кад сам био на твом гробу
Замириса мир босиљка,
А мени се причу гласак:
"Шта ми ради моја Смиљка?"

Твоја Смиљка, сиротанка,
Још не може ногом стати,
А отац је зборит' учи –
Прва реч јој биће: Мати!

Кад узмогне ногом стати,
Кад научи матер звати,
Довешћу је гробу твоме,
Ту нек каже: Мати, мати!

Ох, како ће на те гласе
Црна гуја јада мога
Упити се, стегнути се
Око срца рањенога!
Па ће можда смртним стегом

Раздробити сву теготу, -
Ви'ш како су лепи нади,
Што ме држе у животу!

XXXIII

И опет ме вама води
Моја стара, верна мисо, -
-Што миришеш, песмо моја,
Још те нисам ни написо.

Мирно куца срце моје,
Ко у храму свете збиње,
-Што миришеш, песмо моја,
Као тамјан босиње?

''Не мирише твоја песма,
-То је мирис рајска цвећа,
То ј' близина двеју душа,
Којих-но се синак сећа.

Једно душа твојег оца,
-Сушта благост и доброта, -
Друго душа мајке твоје,
Хранитељке твог живота.
Оне стоје ту па гледе,
Како вијеш сплет малени
Из дубине душе своје
Њиној светој успомени.

И ако ти с' кашто чини
Да се сузе твоје суше,
Ти се сети откуда је –
То ј' топлота њине душе.

Осетиш ли часак, који
Радној тежњи поља тражи,

Ти се сети ко те крепи,
Ти се сети ко те снажи.

XXXVIII

Од детињства, од једва-сећања,
У времену невина голубља,
Имао сам, уз које прианја', -
Тад не знадох колико их љубља'.

У младости, у прозорју снова,
У то бујно чиловања доба,
Имао сам од срца другова,
И од срца – и до њина гроба.

У зрелости на остару жеља
Кад се стаза бољој срећи прти,
Имао сам добрих пријатеља,
-Није свако умро пре самрти.

Драги часи, - мили загрљаји –
Речи песме, уздисаји, нади,
Љубав, вера – а вера се сјаји –

Кад' јоница младости их кади.
Сад на све то спустила се тама;
Сад на све то спустила се туга;
Моја суза или тече сама,
Или једва нађе плачидруга.

Спомену вам одужит' се хтети,
То је тлапња слепилом голема...
Ал' ми нико не може отети:
Љубити вас – и када вас нема.

LXVII

Пале сузе – не из ока
Већ из срца ојађена,
На увелу ружу пале, -
То је сада роса њена.

Ноћ је била. Зором рано
Зраци сунца засинуше;
Жарко сјају и певају:
''Овако се сузе суше!''

Друге ноћи: опет сузе
На остатку мртве руже;
Опет веле топли зраци:
Овако се сузе суше!''

Тако било цела лета,
Сузне капи сунце суши;
Лето прође, јесен дође,
И зима се запенуши.
И северци на сухору
Ружиноме сузе гледе;
Камен пуца, они веле:
''Овако се сузе леде!''
Следише се росне капи
Да се с њима ружа кити
То последње сузе беху, -
Престало је срце бити.

Бранко Радичевић

(1824-1853)

Био је српски романтичарски песник. Радичевић је уз Ђуру Даничића био најоданији следбеник Вукове реформе правописа српског језика и увођења народног језика у књижевност.

Написао је свега педесет четири лирске и седам епских песама, два одломка епских песама, два одломка епских песама, двадесет осам писама и један одговор на критику. Бранко Радичевић, поред Јована Јовановића Змаја и Лазе Костића, био је најзначајнији песник српског романтизма.

КЊИГА САБРАНЕ ПЕСМЕ

ДЕВОЈКА НА СТУДЕНЦУ

Кад сам синоћ овде била
И водице заитила,
Дође момче црна ока
На коњицу лака скока,
Поздрави ме, зборит оде:
"Дајде, селе, мало воде!"

Ове речи – слатке стреле –
Минуше ми груди беле –
Скочи' млада, њему стиго'
Диго' крчаг, руку диго'
Рука дркта...крчаг доле...
Оде на две три поле.

Још од њега леже црепи,
Али де је онај лепи?
Кад би сада опет дошо,
Ма и овај други прошо!

(1843, јул)
НОЋ ПА НОЋ

Леп је зоре осмејак,
Леп је дана огрејак,
Вечери је лепа шарна,
Ал' је лепша нојца чарна.

Онда идем реци таки,
Па одрешим чамац лаки,
Па се весла млађан латим,
Па полегнем, па заватим.

Шикће вода око чуна,
Матица је веће туна,
Страшне стене и вртлози –
Благи Боже, де помози!

Шикће вода, а чун реже,
Бежи вртлог, стене беже –
Живо, руке, не сустале!
Ето мене до обале.

Чун ту вежем, лаким скоком
На обалу па излетим,
Па лаганим онда кроком
Двору миле ја полетим.

Близу двора гле менека,
А на врати оно ко је?
Мила моја мене чека –
Чекаш и сад, злато моје?

Брже доле, сунце благо,
Брже амо, ноћне таме,
Амо брже, моје драго
Да не чека више на ме.

(1843, 25. нов.)

МОЛИТВА

Месец јасни, звезда јато,
И сунашце умиљато,
Зору што нам небо шара,
А и муњу што га пара,
И ту силну грома буку,
И олује страшну фуку
Ти сатвори, вељи Боже,
Ко овако јоште може!

Цвеће љупко и долину,
Стадо, врело и планину,
Тију реку, силно море,
И под небом орла горе,
И над орлом шарну дугу,
И славуја у том лугу,
И још његов глас умилни
Ти сатвори, Боже силни.

Осим другог овде свега
Мене створи из ничега,
Дуом својим ти подуну,
У менека душу суну;

Па ми, Боже, јоште таде
И у душу нешто даде,
Та и моја песма ова,
И њу мени ти дарова.

Фала, Боже, на дар ови,
О помози, благосови,
Да ми како с права пута
Душа млада не залута!

(1844, на Ускрс)

ЖЕЉА

Кад сам лудо дете био
Жеља ми је била:
Кад би Боже уделио
Мени једна крила,

Кад би Бога дао око
Мене тако јасно
Да по свету нашироко
Све је видим ласно;

А да видим де највише
Грожђа свакојака,
Де смокава и сувише
Ти красни бресака.

Де најлепши лептирова
Има и тичића,
И јеленски још рогова
Школjак' и пужића;

Да полетим па да шпаге
Све напуним редом –
Ао брацо, жеље драге:
С крилом и погледом!

Сад би гледо дено мома
Понајлепши има,
Па би весо тамо ома
Полетео њима,

Да с' нагледам млада века
Ти чарни очица,
Да с' нагрлим бели сека,
Наљубим усница.

(1844, 5. јул)

Милован Глишић
(1847-1908)

Глишић је свој књижевни рад започео преводима у сатиричним листовима, а потом прешао на оригиналну приповетку. Његов оригинални рад обухвата два позоришна комада, "Два цванцика" и "Подвала", и две збирке приповедака, међу којима су и сатиричне и шаљиве приче. Глишић је највише радио на превођењу из руске и француске књижевности и осамдесетих година био је главни и најбољи преводилац са руског и француског. Савестан и талентован преводилац, а уз то одличан зналац народног језика, он је највише учинио за упознавање српске публике са великим руским писцима и знатно утицао својим преводима на развој књижевног језика и стила. Најбољи су му и најважнији преводи са руског: "Мртве душе" и "Тарас Буљба" од Гогоља, "Крајцерова соната" и "Рат и мир" од Толстоја, "Обломов" од Гончарова, уз остале од Островског и Данченка. Са француског је преводио Балзака, Меримеа, Жила Верна и друге. За позориште је превео преко тридесет комада из руске, француске и немачке књижевности. По његовој приповеци "После деведесет година" снимљен је филм "Лептирица" 1973. године, а Сава Савановић је један од најпознатијих вампира.

ИЗ КЊИГЕ МИЛОВАН ГЛИШИЋ ПРИПОВЕТКЕ

ШИЛО ЗА ОГЊИЛО

Ћир Трпко не продаје више ни бозу ни кокице. То је некад продавао по улицама београдским, кад је био мали и кад се још није звао "ћир". Сад је ћир Трпко, или као што он каже "сега" – велики госа; Држи механу у селу К., под Космајем, уз механу дућан, а уз то обоје има двеста оваца, велики чајир, а апарта што има још њива и других добара.

Механа му је на згодном месту, баш на друму сеоском. Ко год прође и потера или понесе што у Београд да прода, мора проћи поред ћир-Трпкове механе и дућана. Ћир Трпко, наравно, не пропусти никога дак с њим што не пазари. А умео је тако вешто салетити човека да га се не можеш отрести. Сваки дан купи он ма шта, наравно, врло јефтино, а кантар му је већ тако згодно ујдурисан да свакад одмери како хоће ћир Трпко; ако хоће оку – оку, две – две, литру – литру.

Једно јутро поранио ћир Трпко, па чека пред механу хоће ли наићи кака муштерија. Док ето ти неког Тиосава Негића, упртио пуну торбу воска, па се упутио путем. Кад би поред механе, зовну га ћир Трпко, заносећи се мало по цинцарски.

-Газда – Тиосаве, што ти је то?

-Мало воска, ћир – Трпко.

-'А'де, море, да попијемо 'едну.

-Немам кад, ћир – Трпко.

-'А'де, 'а'де, море! – салети га ћир Трпко, те сврати пред механу.

Изнесе ћир Трпко две чашице ракије на неком шареном служавнику, па пружи Тиосаву и рече:

-Ама што сега имам ракија! Пред пашина мајка ће се не стиди!

Тиосав искапи чашицу, намршти се мало и учини:

-Их! Ала пали!

-Не ти каза', море! Ама ћир Трпко!... – рече и куцну се прстом у чело, токорсе да покаже како је он то промућуран, а испод ока погледа на ону торбу воска.

Попи и ћир Трпко ракију, па онда упита:

-У Београд ћеш носиш то? – и показа руком на восак.

-'Оћу, ћир – Трпко; чујем добро пролази, па да се узме која пара.

-Те лажу, море не ти пројде, жив ми господ!

-Ама јуче је човек продао по двадесет и пет гроша.

-Човек? У Београд рече?

-Усред Београда на пијаци. Продао је Витомир восак по двадесет и пет гроша.

-За Витомира ти мени рече?

-Јес', јес', Витомир.

-Восак за двадесет и пет.

-Те лажи, џенабет! Не продаш ни по петнаест.

-Ако не продам, лако је вратити кући – одговори Тиосав, па устаде и маши се за торбу да понесе.

-Знаш, Тиосаве, што?

-Шта, ћир – Трпко?

-А'де, дај мени тај восак.

-Море, батали! Нећеш ти да платиш.

Што не платим, не платим, ће ти платим сос лепи пари. Што иштеш за ока?

-Па рекох ти, двадесет и пет гроша.

-Хм! Двадесет и пет! Не се прави будала...Ти платим шеснаест.

-Каки шеснаес'? Ни за дваест ти не дам.

-А осамнаест?

-Аја! – учини Тиосав и подиже торбу да упрти.

-Стани, море, станиде! Ти дам дваест 'оћеш?

-Не могу, ћир –Трпко, није вајде!

-Што не могу, не могу! – салети ћир Трпко Тиосава. – Ће одеш у Београд, потрошиш пари, ћеш дангубиш. Ће ти кошта, море еј! Не ти се фати ни петнаест ока.

-Оно јес', дангуба, али баш не могу по то – рече Тиосав и пође.

Ћир Трпко ухвати га за торбу.

-Е ти дам дваест и еден! А'де, 'а'де! Овамо, дечиње бе, тај кантар!

-Ама мало је, ћир – Трпко, богами!

-Хм, мало! Што мало? Ни јесме своји људи. А'де, 'а'де! – заокупи ћир Трпко, и Тиосав опет спусти торбу.

Дође једно Цинцарче с кантаром. Ћир Трпко одмах узе мерити.

-Осум ока! – рече потегнувши торбу на кантар.

-Осам! – узвикну Тиосав. – Не може бити! Каквих осам, бог с тобом?

-Ево на! Осум, здравла ми! – рече Трпко и поднесе кантар Тиосаву.

-Ама јутрос сам мерио на мој кантар, па ак дванаест ока.

-Што твој кантар? Не виде ли то, а? – рече Трпко и показа му неку крпицу поденуту кроз један ланчић на кантару, и на крају као запечаћену црвеним воском. – Овија кантар, море, капетан го потврди!

-Е ја не знам, богами – рече Тиосав сумњајући... – Ама, брате, осам ока... Да је барем по оке јали оку мање, 'ајде де, али – четири.

– Камик да едем ако те преварим! Осум, жив ми господ! На! – рече ћир Трпко и опет потеже торбу на кантар, па је пружи заједно с кантаром Тиосаву: -На, видиго, види!

Измери и Тиосав, па махне главом и учини:

-Бог с нама! Осам одиста! Ама аја – не може бити! Не могу ја никако... – и опет се маши за торбу да је понесе.

Ћир Трпко га тако салети да му мораде дати восак како су измерили и по двадесет и један грош. Прими Тиосав паре па оде гунђајући сам: ''Лепо мени вели Живана: ''Не свраћај, море, оном Цинцару!'' Аја, не даде мени ђаво! Баш, ако ће...Пре ми закиде три оке вуне, закиде ми једном две оке лоја, једном оку граха, сад четири воска!...Поган Цинцарин!

Ћир Трпко је оставио восак у свој дућан, па је опет вребао другу муштерију. Што он пропусти, то дочека његов ортак Ставра у дућану. И ту се тек пазарује добро. Нема дана кад не дође каква снаша или девојка из села да купи што: шамију, иглу, ђинђува, мараму, па чак по нека и белила. Еле, као што рекох, нема дана кад се не уврати која снаша код Ставре у дућан да пазари, и обично, немајући новаца, донесе по две-три оке граха, или оку вуне, или неколико повесма тежине, или кануру пређе, па за то купује што јој треба: за две-три оке граха, вуне или за кануру-две пређе купи какву шарену машлију, или низ ђинђува, или какву крпицу што не вреди ни грош-два!... А Ставра слаже у магазу и вуну, и грах, и све – па кад се накупи доста, онда крене у Београд и тамо прода, како већ уме најбоље. Тако ето теку та два Цинцарина.

Ћир Трпко вели да је све стекао ''сос муку, сос зној и сос рачун''. Сваки ''ћир'', макар се он звао Трпко, Трајко, Ставре, Дине, или како му драго, тече и уме да тече ''сос рачун'', и сваки ''ћир'' под овом речи ''сос рачун'' разуме сваки могући начин којим до паре долази.

Иде Тиосав навише, и сам се једи што га је Цинцарин тако преварио. Кад већ зађе у село – сустиже га Витомир, његов први комшија.

-А зар се врати, Тиосаве? – упита га.

-Та вратих се – одговори Тиосав зловољно.

-Па камо ти восак?

-Дадох оном гаду доле.

-Зар опет?

-Ама куд ћеш, брате, кад салети као Циганин.

-Опет ти јамачно подвалио?

-Јакако; четири оке мање на његов кантар.

-Е јеси луд, није вајде!

-Вала, Витомире, не знам ко је од нас двојице лући. И теби је већ неколико пута подваљивао, па опет му идеш.

-Оно јес'...ето није ми још платио ни она кола врљика што му ономад дотерах.

-Неће ти ни платити. И ја сам му дотерао, знаш, једна кола још пре тебе, па – ту!

-Поган човек! – рече Витомир; поћута мало и настави: - Баш не би требало да му то проће на лијо. Ваљало би њега мало заварчити.

-Ваљало би, али де, кметуј ти како?

Витомир сад исприча Тиосаву како је скројио план да подвале Цинцарину и да се узгред наплате барем за оно што их је овда-онда преварио које кривом мером, које на цени.

Јован Дучић
(1871-1943)

Био је српски песник, писац и дипломата. Као и Шантић, Дучић је у почетку свога песничког стварања био под утицајем Војислава Илића, али убрзо се ослобађа тог утицаја и гради индивидуалну лирику према узорима француских парнасоваца, декадената и нарочито симболиста. У доба општег култа према моди са Запада, његова поезија је значила новину и освежење и у мотивима и у изражају. Наћи најсавршенији изражај, то је врховно начело његове поезије. У обради Дучић је надмашио све што је до њега стварано у нашој лирици.

ИЗ КЊИГЕ ЈОВАН ДУЧИЋ ЉУБАВНЕ ПЕСМЕ

ЖЕНА

Ја сневам о жени, већој но све жене,
Чија ће лепота бити тајна свима,
Што је као божији дах у просторима,
Који не дотаће никог осим мене.

Њен чар да је моје велико откриће;
Да мирно присуство те чудесне жене
Не разуме више нико осим мене,
Осим моје вечно очарано биће.

И пред чијом гордом лепотом од свију
Само ја отворих очи очаране,
И срце ко црни цвет из глухе стране,
Невидљиве капи док на њега лију.

И њена лепота, тако недогледна,
Необешчашћена хвалама глупака,
Да обиђе тихо, као снопље зрака,
Све тамне путеве душе, само једне.
И ја кључар чудне лепоте, да с тајном
Срећом видим јасно да је ова жена
Од истога светлог ткива начињена
Од кога и болни мој сан о бескрајном.

МОЈА ЉУБАВ

Сва је моја душа испуњена тобом,
Као тамна гора студеном тишином;
Као морско бездно непровидном тмином;
Као вечни покрет невидљивим добом.

И тако бескрајна, и силна, и кобна,
Течеш мојом крвљу. Жена или машта?
Али твога даха препуно је свашта,
Свугде си присутна, свему истодобна.

Кад побеле звезде, у сутон, над лугом,
Рађаш се у мени као сунце ноћи,
И у моме телу дрхтиш у самоћи,
Распаљена огњем или смрзла тугом.

На твом тамном мору лепоте и коби,
Цело моје биће то је трепет сене;
О љубљена жено, силнија од мене –
Ти струјиш кроз моје вене у све доби.
Као мрачна тајна лежиш у дну мене,
И мој глас је ехо твог ћутања. Ја те
Ни не видим где си, а све дуге сате
Од тебе су моје очи засењене.

ПЕСМА ЉУБАВИ

Свој једини живот ти живиш у мени;
Да будеш осећај и сан ти се сазда;
Не тражим на путу твој лик наслућени –
Далеко ван тебе иде твоја бразда.

Очи су ти зато да оплоде звуке,
И глас да молитву у срцима роди;
Сав покрет изгледа замах твоје руке;
Ти сјаш у стварима као дан у води.

Твој је дах да семе не смрзне у њиви;
Твоја љубав да би било побожности;
Твоја равнодушност, да може да живи
Гордост очајања и горки чар злости

Ти ниси у себи јер ти нема краја;
Твој говор почиње музику свих вода;

Речи су ти конци у ткиву свег сјаја;
Идеш, ко молитва, од земље до свода.
И ти си начело већма него биће...
Ноћ да блисну звезде; замах победника,
Да буде победа...Лепота, откриће,
Пре него мом духу беше реч и слика.

ПЕСМА ЖЕНИ

Ти си мој тренутак, и мој сен, и сјајна
Моја реч у шуму; мој корак, и блудња;
Само си лепота колико си тајна;
И само истина колико си жудња.

Остај недостижна, нема и далека –
Јер је сан о срећи виши него срећа.
Буди бесповратна, као младост; нека
Твоја сен и ехо буду све што сећа.

Срце има повест у сузи што лева;
У великом болу љубав своју мету;
Истина је само што душа проснева;
Пољубац је сусрет највећи на свету.

Од мог привиђења ти си цела ткана,
Твој је плашт сунчани од мог сна испреден;
Ти беше мисао моја очарана;
Симбол свих таштина поразан и леден,
А ти не постојиш нит си постојала;
Рођена у мојој тишини и чами,
На сунцу мог срца ти си само сјала:
Јер све што љубимо створили смо сами.

Алекса Шантић

(1868-1924)

Један од највећих српских и босанскохерцеговачких песника. Као песник Шантић је стварао на прелому два века, деветнаестог и двадесетог, и више него иједан припадник свог песничког нараштаја повезао је у свом делу идеје и песничке тежње једног и другог.

Прву песму објавио је 1886. године, а прву збирку песама 1891. Осим песама, писао је и поетске драме, међу којима су најважније: "Под маглом" и "Хасанагиница" (рађена је по мотивима из познате народне песме). У Шантићевом песничком формирању од домаћих песника, поред Војислава Илића, највећи удео имао је Јован Јовановић Змај, а од страних Хајне и други немачки романтичари.

ИЗ КЊИГЕ АЛЕКСА ШАНТИЋ ПЕСМЕ

ЕМИНА

Синоћ, кад се вратих из топла хамама,
прођох покрај баште старога имама;
Кад тамо, у башти, у хладу јасмина,
с ибриком у руци стајаше Емина.

Ја каква је, пуста! Тако ми имана,
стид је не би било да је код султана!
Па још кад се шеће и плећима креће...
-Ни хоџин ми запис више помоћ неће!...

Ја јој назвах селам. Ал' мога ми дина,
не шће ни да чује лијепа Емина,
но у сребрн ибрик захитила воде
па по башти ђуле заливати оде;

С грана вјетар духну па низ плећи пусте
расплете јој оне плетенице густе,
замириса коса ко зумбули плави,
а мени се крену бурурет у глави!

Мало не посрнух, мојега ми дина,
но мени не дође лијепа Емина.
Само ме је једном погледала мрко,
нити хаје, алчак, што за њоме црко' !...

ОСТАЈТЕ ОВДЈЕ

Остајте овдје!...Сунце туђег неба,
неће вас гријат ко што ово грије;
Грки су тамо залогаји хљеба
гдје свога нема и гдје брата није.

Од своје мајке ко ће наћи бољу?!
А мајка ваша земља вам је ова;
Баците поглед по кршу и пољу,
свуда су гробља ваших прадједова.

За ову земљу они бјеху диви,
узори свијетли, што је бранит знаше,
у овој земљи останите и ви,
и за њу дајте врело крви ваше.

Ко пуста грана, кад јесења крила
тргну јој лисје и покосе ледом,
без вас би мајка домовина била;
А мајка плаче за својијем чедом.

Не дајте сузи да јој с ока лети,
Врат' те се њојзи у наручју света;
живите зато да можете мријети
на њеном пољу гдје вас слава срета!

Овдје вас свако познаје и воли,
а тамо нико познати вас неће;
Бољи су своји и кршеви голи
но цвијетна поља куд се туђин креће.

Овдје вам свако братску руку стеже –
у туђем свијету за вас пелен цвјета;
За ове крше све вас, све вас веже;
Име и језик, братство, и крв света.

Остајте овдје!...Сунце туђег неба
неће вас гријат ко што ово грије –
Грки су тамо залогаји хљеба
гдје свога нема и гдје брата није...

ПРОЉЕЋЕ

Немој, драга, ноћас да те сан обрва
И да склопиш очи на душеку меком!
Када мјесец сине над нашом ријеком
И на земљу пане тиха роса прва,

Родиће се младо прољеће! И свуда
Просуће се мирис плавих јоргована;
И пахуље сњежне падаће са грана
У наш бистри поток што баштом кривуда.

Узвиће се Љељо над нашим Мостаром,
И сваки ће прозор засути бехаром,
Да пробуди срца што љубе и горе...

Зато немој, драга, да те сан обрва!
Дођи, и у башти буди ружа прва,
И на моме срцу мириши до зоре!

1905.

ЉУБАВ

О, да ми је нешто па да будем река,
Па да течем испред твоје куће мале;
Певајући теби, да разбијем вале
о прагове где ти стаје нога мека.

Па кад низ прагове сиђеш са ибриком
Да захватиш воде, да ти зграбим руке,
Пригрлим те себи у своје клобуке,
И да тебе, драга, више не дам ником.

На душеку трава и мојих смарагда,
Као нимфа моја, да почиваш свагда,
И да нико не зна твоје место где је.

Само моје очи да гледају у те,
Само моје све дубине и све куте
Да лепота твоја осипље и греје.

1924-1925.

ВОДЕНИЦА

Старо мјесто моје! Под сјенкама грана
Радобоља мрмља, вере се и прска;
Мрке хриди стреме високо са страна
Пуне густих зова, смокава и трска.

Све је исто, старо...Само, као прије,
Не чује се хитри точак да удара;
Ко бол један што се у дну душе крије,
Остављена ћути воденица стара...

Кроз видњачу малу, гдје у сухој трави
Само студен гуштер полагано шушне,
Не јавља се млинар са шалом на глави,
Нити видим оне очи простодушне.

Много ли сам пута ја овдје, у хладу,
У вечери летне на одмору био,
И, дижући очи на млинарку младу,
Из ведрице, жедан, хладне воде пио!

Бог зна гдје је сада?!...Радобоља мрмља
Пуна грмјелица, сребра, адиђара...
И док златно вече пада поврх грмља,
Накривљена ћути воденица стара.

1904.

МОЈА ОТАЏБИНА

Не плачем само с болом свога срца
Рад' земље ове убоге и голе;
Мене све ране мога рода боле,
И моја душа с њим пати и грца.

Овдје у болу срца истрзана
Ја носим клетве свих патња и мука,
И крв што капа са душманских рука,
То је крв моја из мојијех рана.

У мени цвиле душе милиона;
Мој сваки уздах, свака суза бона
Њиховим болом вапије и иште...

И свуда гдје је српска душа која,
Тамо је мени отаџбина моја –
Мој дом и моје рођено огњиште.
1907.

Лав Николајевич Толстој

(1828-1910)

Пре одласка на Кавказ студирао је источне језике и право, а неко време је провео на свом имању у Јасној Пољани, подучавајући децу у школи. Након кавкаског ратног искуства, пријављује се, како сам каже, "из патриотизма" за одлазак у бој са Турцима, и у Севастопољу, на Криму, бранио је град као артиљеријски официр. Лично ће цар Александар II тражити да се његове приповетке о одбрани Севастопоља преведу на француски. Пишући приповетке, проживљавајући рат и страдања људи, у њему су сазревали велики романи, "Рат и мир", али је сазревала и побуна против државе, искоришћавања људи, сваке присиле, побуна која се у тексту "Краљевство Божје је у вама" приближава Бакуњиновим идејама. Са "Ратом и миром" и "Аном Карењином" он постаје не само један од највећих руских већ и светских писаца. Водећи једноставан живот и залажући се против сваког облика насиља. Толстој је један од најутицајнијих мислилаца свога времена који је оставио трага на генерацијама које ће уследити, генерацијама не само писаца попут Томаса Мана већ и политичара као што је Махатма Ганди. Писац Толстој је истовремено све више мислилац Толстој. У књижевности и уметности он више види средство приближавања људи, него чисту уметничку сврху. Одушевљен укидањем ропства у Русији, све се више окреће мистицизму и јеванђељима.

Толстој је обележио светску књижевност и европску политичку мисао, остајући и данас модеран и занимљив савременом читаоцу.

ИЗ КЊИГЕ АНА КАРЕЊИНА

Све срећне породице налик су једна на другу, свака несрећна породица несрећна је на свој начин.

У кући Облонских све се пореметило. Жена је дознала да је муж био у блиским односима с њиховом пређашњом гувернантом

Францускињом, па је саопштила мужу да не може живети с њим под истим кровом. То стање траје ево већ трећи дан и мучи и саме супружнике, и све чланове породице, и кућну послугу. Сви чланови породице и послуга осећали су да нема смисла да живе заједно и да међу људима који се случајно сусретну у каквој друмској гостионици има више везе него међу њима, ћлановима породице и послугом Облонских. Жена није излазила из својих соба, мужа већ трећи дан није било код куће. Деца трчкарају по читавој кући као изгубљена; Енглескиња се завадила с економком и написала цедуљу пријатељици, молећи је да јој нафр какво ново место, кувар је отишао од куће још јуче о ручку; куварица за млађе и кочијаш молили су да их исплате.

Трећег дана после сваће, кнез Степан АркадјићОблонски – Стива, како су га звали у друштву – пробудио се као и обично, то јест у осам часова ујутру, али не у спаваћој соби своје жене, већ у свом кабинету, на дивану од сафијана. Он окрену своје пуно, неговано тело на опругама дивана, као да жели опет да заспи задуго, обргрли с друге стране јастук и притиште образ уза њ, али наједном скочи, седе на диван и отвори очи.

"Да, да, како оно беше?" – размишљао је, присећајући се сна. "Да, како оно беше? Да! Алабин је приредио ручак уДармиштату; не, не у Дармиштату, већ нешто, америчко. Да, али тамо је Дармштат био у Америци. Да Алабин је приређивао ручак на стакленим столовима, да а столови су певали: Ил мио тесоро, него нешто лепше; биле су ту и некакве мале бочице, бочице жене" присећао се он.

Очи Степана Аркадјича весело засјаше, и он се замисли смешечи се. "Да, лепо беше, врло лепо. Било је тамо још много лепих ствари, али речима се не може исказати нити мислима на јави оживети." И опазивши трачак светлости, који се пробијао са стране једне чохане завесе, он весело спусти ноге с дивана, њима напипа папуче обрубљене златним сафијаном, које му је жена извезла (поклон за прошлогодишњи рођендан) и по старој, деветогодишњој навици, не дижући се, пружи руку на оном месту где му је у спаваћој соби висио домаћи капут. И тада се наједном сети како и зашто не спава у жениној спаваћој соби, веч у кабинету; осмех му нестаде с лица, чело му се намршти.

"Ах,ах, ах! Аах..." – застења он, присећајући се свега што се десило. И опет му изиђоше пред очи све појединости сваће са женом, сва безизлазност његовог положаја, и оно што га је највише мучило – његова сопствена кривица.

"Да! Она ми неће опростити и не може ми ни опростити. А што је најстрашније, за све сам кривац ја, кривац сам, а нисам крив. У томе и јесте сва трагедија" –мислио је он. "Ах, ах, ах!" – понављао је у очајању, присећајући се за њега најтежих утисака из те сваће.

Најнепријатнији му је био онај први тренутак кад он, вративши се из позоришта весео и задовољан, с великом крушком у руци за жену, не нађе жену у салону; на своје изненађење не нађе је ни у кабинету, и тек је напослетку угледа у спаваћој соби с оним несрећним писамцетом у руци које га беше одало.

Она, та вечно брижна и упослена, а по његову мишљењу и мало ограничена Доли, седела је непомично с писамцетом у руци и са изразом ужаса, очајања и гнева гледала у њега.

-Шта је ово – питала је она, показујући писамце.

Сећајући се тога, Степану Аркадјичу, као што то често бива, било је криво не толико што се то десило колико што је онако одговорио жени на те речи.

С њиме се тад догодило оно што се обично догађа с људима кад их изненада ухвате у нечем одвише срамотном. Он није умео да припреми своје лице за положај у коме се нашао пред женом кад се открила та његова кривица. Уместо да се нађе увређен, да пориче, да се правда, моли за опроштај, чак и да остане равнодушан – све би то било боље од онога што је он учинио! – његово лице се потпуно несвесно ("то су рефлекси мозга" – помислио је Степан Аркадјич, који је волео физиологију), потпуно несвесно одједном развукло у осмех, обични, добро ћудни и зато глупи осмејак.

Тај глупи осмејак није могао себи да опрости. Кад виде тај осмејак, Доли задрхта као од физичког бола и, са својственом јој плаховитошћу, изли бујицу грубих речи и излете из собе. Од тада није хтела да види мужа.

"За све је крив тај глупи осмејак" – мислио је Степан Аркадјич.

"Али шта да радим? Шта да радим?" – говорио је себи у очајању и није налазио одговора.

II

Степан Аркадјич је био човек правичан према самом себи. Он није могао себе обмањивати и убеђивати да се каје због свог поступка. Он није могао сад да се каје због оног због чега се кајао пре неких шест година кад је први пут преварио жену. Није могао да се каје што он, тридесет четворогодишњи, леп, заљубљив човек, није био заљубљен у жену, мајку петоро живе и двоје умрле деце, која је била само годину дана млађа од њега. Кајао се само због тога што све није умео и боље да сакрије. Али, он је осећао сву тежину свог положаја и жалио је жену, децу и себе. Можда би умео и боље да сакрије од жене своје грехе да је знао како ће је то тешко погодити. Јасно, он никада није размишљао о том питању али му се нејасно чинило да жена одавно наслућује да јој он није веран и да на то гледа кроз прсте. Њему се чак чинило да јој осећање правичности налаже да буде попустљива јер, онако истрошена, остарела, жена која није више била лепа нити по било чему изузетна, само добра мати, мора да буде попустљива. Испало је сасвим другачије.

”Ах, ужасно! Ах, ах, ах! Ужасно!” – понављао је Степан Аркадјић и није могао ништа да смисли. ”А како је дотада све било лепо, како смо лепо живели! Она је била задовољна, срећна са децом, ја јој нисам ни у чему сметао, препуштао сам јој да се брине о деци, домаћинству како је хтела. Истина, није било лепо што је она била гувернанта у нашој кући. Није лепо! Има нечег тривијалног, баналног у удварању својој гувернанти. Ал' што је то била гувернанта! (Он се живо сети црних, враголастих очију м-лле Роланд и њеног осмеха.) Међутим, док је она била код нас у кући, ја с њом ништа нисам имао. А најгоре је то што она већ...И све то као за инат! Ох, ох, ох! О-о-о-х! Али, шта, шта да радим?”

Одговора није било осим оног општег одговора који даје живот на сва најзамршенија и најнерешивија питања. Тај је одговор: ваља живети у свакодневници, то ће рећи заборавити на све. Да нађе заборава у сну било је немогуће, бар до наредне ноћи, не може се више вратити ни оној музици коју су певале бочице жене; према томе, ваља ну се предати животноме сну.

”Видећемо касније” – рече у себи Степан Аркадјич, устаде, обуче сиви домаћи капут, постављен плавом свилом, завеза око себе гајтан с кићанкама у чвор и, удахнувши довољно ваздуха у свој развијени грудни кош, уобичајеним бодрим кораком својих икс-ногу које су тако лако носиле његово пуно тело, приђе прозору, придиже завесу и јако зазвони. Чим звонце одјекну, уђе стари пријатељ, собар Матвеј, носећи одело, ципеле и телеграм. Одмах за Матвејем уђе и берберин са својим прибором.

-Има ли штогод из канцеларије? – упита Степан Аркадјич, узевши телеграм и седајући пред огледало.

-На столу је – одговори Матвеј, погледа упитно, са саосећањем, у господина и, почекавши мало, додаде с лукавим осмехом: - Газда је слао кочијаша.

Николај Васиљевич Гогољ
(1809-1852)

Поред Пушкина, Љермонтова, Толстоја и Достојевског, представља један од стубова класичне руске књижевности. Он је снажно утицао и на савремену руску књижевност, од Достојевског и Булгакова до Солжењицина. Пореклом из породице украјинских козака, Гогољ је од оца љубитеља књижевности и аутора мањих позоришних комада наследио таленат писца, а од мајке склоност ка мистицизму.

За разлику од већине његових дела које одликује мешавина фантастичног и гротескног, ироније и озбиљности. "Тарас Буљба" нема у првом плану пародију и више је приказ силовитог лика који је козачки рођак нашег Марка Краљевића. Као и Марко, Тарас јепред моралним дилемама које решава ударцем мача, и ништа га, па ни смрт у пламену, не може ометти да и у самртном часу сања о победи.

ИЗ КЊИГЕ ТАРАС БУЉБА

-Ама окрени-де се, сине! Их, како си смешан! Какве су то на вама поповске мантије? Зар се тако сви носе у академији?

Таквим је речима дочекао стари Буљба своја два сина, који су се учили у кијевској бурси па дошли кући оцу.

Синови његови тек што беху сјахали с коња. То су била два кршна момка, који су још гледали намргођено, као семинаристи што су скоро пуштени из школе. По њиховом једром, здравом лицу беху тек избиле маље које још није дотакла бријачица.

Њих је веома збунио такав дочек очев и стајали су као укопани, оборивши очи преда се.

-Стојте, стојте! Дајте да вас добро разгледам – настави он, окрећући их. – Како су вам дуго свитке! Гле, какве су то свитке! Таких свитака није још било. Па де потрчите који од вас, да гледам како ће љоснути о земљу, кад се заплете у скутове!

-Не смеј се, не смеј, баћко! – рећи ће му старији син.

-Гле ти, како је надувен! А што да се не смејем?

Па тако; ако си ми и отац, кад се подсмеваш, ја ћу, Бога ми, да бијем!

-Ао, ти, никаки сине! Шта! Зар оца? – рече Тарас Буљба и одмаче се удивљено за неколико корака назад.

-Јест, макар и оца. Кад је увреда не гледам ко је нити га поштујем.

-Па како ћеш се бити са мном? Ваљда песницама?

-Па већ чим буде.

-Е, хајде песницама! – рече Буљба засукујући рукаве. – Да видим, какав си јунак на песничању!

И место здрављања после данашњег растанка, отац и син почеше пришивати један другоме буботке и по ребрима, и по слабинама, и по прсима; час узмакну и обазру се, час наново наступе.

Гледајте, добри људи, полудео старац! Сасвим сишао с ума! – говорила је бледа, сувоњава и добра мати њихова, која је стајала на прагу, а још није имала кад ни загрлити милу децу своју. – Деца дошла кући, има више од годину дана како их нисмо видели, а њему пало на ум, Бог те пита шта: да се песнича!

-Па он се дивно бије! – рече Буљба, кад преста. – Тако ми Бога, добро! – настави, догонећи на себи мало хаљине. – Тако добро, да чак није требало ни пробати. Биће ваљан козак! Е, да си ми здраво, синко! Де да се пољубимо!

И отац и син стадоше се љубити.

-Добро је, синко! Тако ти удри свакога, никоме не опраштај! Него баш ти је смешно то руно: каква ти то узица виси? А што ти, шмокљане, стојиш и што си спустио руке? – рече Тарас млађему сину: - Што ме не бијеш, пасји сине?

-Ето шта му опет пада на ум! – рече мати, која је у том грлила млађега. – И како му дође на памет тако што, да рођено дете бије оца! Као да му је сад то тог: дете младо, прешло толики пут, уморило се...(том је детету било више од двадесет година и било је за читав хват високо); - требало би да се сад одмори и да се прихвати чим, а он га гони да се бије!

-Е, маза си ти, како видим! – рече Буљба. – Не слушај, синко, мајку: она је жена, она ништа не зна. Зар ви да се мазите? Ваше мажење – равно поље и добар коњ: ето то је ваше мажење! А видите ли ево ову сабљу? То је ваша мати! Све је оно ђубре, чим вам пуне главу и академије, и све оне књижице, буквари и философије, и све оно: ко ће га знати шта – пљунем ја на све то!)Овде Буљба додаде таку реч каква се не употребљава у штампи). Него најбоље ће бити да вас још оне недеље пошаљем на Запорожје. Тамо је наука, права наука! Тамо је за вас школа; само тамо стећи ћете памети.

-Зар само недељу дана да буду код куће? – рече жалостиво сувоњава старица мајка. – Неће се, јадници, ни провести мало; неће ни своју рођену кућу добро видети, а ни ја их се нећу нагледати!

-Доста, не кукај, баба! Није козак за то, да се заноси са женама. Ти би их обојицу сакрила под скут, па квоцала на њима као квочка на јајима. Иди, иди, да нам што брже постави на сто све, што има. Не требају нам уштипци, медењаци, маковаче и остали слаткиши; довуци ти нама читава овна, козу донеси, дај медовине од четрдесет година! И подоста ракије, немој ракије са зачинима, немој оне са сувим грожђем и којекаквим травама, него чисте препеченице, да нам игра и ври, као бесна.

И Буљба поведе своје синове у собу, одакле нагло истрчаше две лепе девојке, слушкиње, с низовима дуката око врата, које су успремале собе. Као што се видело, оне су се поплашиле од доласка младих панова, који ником нису опраштали, или су само хтеле одрати свој женски обичај: вриснути и нагло побећи, кад угледају мушкарца па се дуго заклањати рукавом од голема стида.

Соба беше намештена по укусу онога времена, што се живо спомиње само у попевкама и у народним песмама, које већ више не певају по Украјини брадати старци слепци, уз тихо ударање у бандуру, пред нагрнулим око њих народом, - по укусу оног ратног, мучног времена, кад су се почеле заметати кавге и битке по Украјини због уније. Све је било чисто, обојено земљаном бојом. О зидовима – сабље, нагајке, мреже за хватање тица, алови и пушке, мајсторски израђен рог за барут, златна коњска узда и пута са сребрним плочицама. Прозори собни беху мајушни, с округлим мутним окнима, онаки какви се сад виђају само по старинским црквама, кроз које се није могло видети, док се мачко не подигне покретно окно. Око прозора и врата беху црвени довратци. На полицама у угловима стајали су бокари, гостаре и бочице од зелена и плава стаклета, сребрне гравиране куце, позлаћене ракијске чашице свакојаке израде: млетачке, турске, черкеске, које су запале у Буљбину собу на разне начине преко треће и четврте руке, што је било веома обично у она ратничка времена. Свуд унаоколо по соби брестове клупе; под иконама у горњем углу велики сто; широка пећ са запећцима, усеци и банцима, покривена бојеним, шареним плочицама, - све је то било врло добро познато нашој двојици младића, који су сваке године долазили пешке кући о распусту, а долазили су пешке зато што није био обичај допуштати ђацима да јашу. Они су имали само дуге чуперке, за које их је могао продрмати сваки козак који носи оружје. Тек кад су пуштени из школе, Буљба им је послао два млада ждрепца из свога табуна.

Буљба је, кад су му дошли синови, заповедио да се сазову сви сатници и сви чинови из пука, ко се год буде затекао ту; па кад дођоше њих двојица и есаул Дмитар Товкач, стари његов друг, он им одмах приказа синове, говорећи:

-Погледајте, какви су то момци! Брзо ћу их послати на Сечу.

Гости се здрависе и с Буљбом и с оба младића, и рекоше им, како добро чине и како за младића нема боље науке од Запорошке Сече.

-Де-те, нанови браћо, седајте за сто, где је коме најзгодније. Е, сници! Прво ћемо пијнути ракије! – рече Буљба. – Боже, помози! Да сте ми здраво, синови моји: и ти, Остапе, и ти Андрија! Дај, Боже, да сте свакад срећни на мегдану! Да бијете невернике и Турке да бијете, и Татарију да бијете; па кад и Леси почну што радити против вере наше, да и Лехе бијете. Де, пружи своју чашицу; је ли добра ракија, а? А како се каже латински ракија? То је баш оно, синко, што су Латини били лудаци: они нису ни знали, да има на свету ракије. Како се зваше онај, што је писао латинске стихове? Ја се слабо разбирам у књизи, па и не знам! Хорације, како ли?

"Гле ти баћка!", помисли у себи старији син, Остап: "све зна матори угурсуз, а овамо се претвара да не зна."

-Ја мислим архимандрит вам није дао ни да помиришете ракију, настави Тарас. – Него реците право, децо, је ли да су вас добро мазали брезовим крутом и сировим трешњеваком и по леђима и по свему, што је год у козака? А, може бити, кад сте постали већ сувише паметни, онда су вас камцијама дерали? Јамачно, није само суботом, него вам се то дешавало и у среду, и четвртком?

-Не вреди, баћко, спомињати што је било, одговори хладно Остап;

-Било па прошло!

-Нека-де сад покуша! – рече Андрија. – Нек се сад когод само закачи. Ето нек ми само дође сад под руку каква неверија, знала би она, шта је козачка сабља!

-Тако ваља, синко! Тако, Бога ми! Па кад је већ тако, онда идем с вама и ја!

Виљем Шекспир

(1564-1616)

Највећи драмски песник те велике епохе, рођен је у Стратфорду на Евону, малој варошици у срцу сеоске Енглеске, као треће и најстарије мушко дете од осморо деце Џона Шекспира, малог трговца-занатлије и угледног члана Општинског већа, и Марије, рођене Арден. Књижевни рад Шекспиров обухвата двадесет година, приближно од 1592-1612; за то време написао је две велике наративне поеме, Венеру и Адона (1593) и Отмицу Лукреције (1594), збирку од 154 сонета, објављену 1609, али написану пре краја столећа, и тридесет шест драма, комедија, историја и трагедија. Хамлет је најславније дело енглеске књижевности и, више но иједно друго, оно је одавно постало својина просвеченог човечанства. Широм света људи га радо читају или гледају у позоришту.

ОДЛОМАК ИЗ КЊИГЕ ХАМЛЕТ

СЦЕНА ЧЕТВРТА

Равница у Данској

(Улази Фортинбрас с трупама у маршу)

ФОРТИНБРАС: Капетане,
  Идите, поздравите од мене данског краља.
 Реците да с његовим допустом Фортинбрас
 Моли за пролаз што му је обећан,
  Кроз његову земљу. Састанка место знате.
  Ако би његово величанство хтело

Ма штогод с нама, ми ћемо изразит

И њему лично покорност нам сву.

Тако му рецте.

КАПЕТАН: Хоћу, господару.

ФОРТИНБРАС: Полако даље кренимо се сад.

(Фортинбрас са трупама пролази.Улазе Хамлет, Розенкранц; Гилденстерн и други)

ХАМЛЕТ: Добри господине, каква је војска то?

КАПЕТАН: Норвешка, господине.

ХАМЛЕТ:Куда иде она сад,

Молим Вас?

КАПЕТАН:Против једног дела Пољске.

ХАМЛЕТ: А ко заповеда њоме, господине?

КАПЕТАН: Синовац старог краља, Фортинбрас.

ХАМЛЕТ: Идете ли на главну Пољску ви,

Ил неки гранични крај, господине?

КАПЕТАН: Истину рећи, и непретерано,

Пошли смо рад парчета земље тек,

Што нема друге вредности до име.

За пет дуката, пет, не бих је оро.

А ни Пољској не би, нит Норвешкој више

Вредела, да се у својину да.

ХАМЛЕТ: Онда је Пољаци неће ни бранити.

КАПЕТАН:Хоће, и већ је војском поседнута.

ХАМЛЕТ: Две тисуће душа и двадесет тисућа

Дуката неће одлучити спор

 Око те сламке. То је оток силног

Блага и мира, што се сам провали,

А споља и не покаже узрока

Зашто смрт наступа тада. – Хвала вам

Понизно, господине.

КАПЕТАН:Останите збогом,

Господине.

(Излази)

РОЗЕНКРАНЦ: Хоћете л да идете, кнеже?
ХАМЛЕТ: Ето ме за вама. Хајте напред мало.
(Излазе сви осим Хамлета)

Како ме прилике оптужују све
Мамузајућ ми лењу освету!
Шта је човек, ако добит му живота
И главно добро није него сан
И јело? – Ништа до једно живинче.
Свакако да онај, што нас створи с тако
Широким умом, да гледамо напред
И назад, није способност нам ту
И тај богу сличан разум дао тек
Да у нама буде плеснив, некоришћен.
Сад, је л то само заборав живињски,
Ил ситничарски обзир што на исход
Сувише много мисли, то је мисо
Што разложена има један део
Мудрости, а три кукавичлука –
Ал не знам што сам ту, да кажем још:
”То треба чинити”, кад имам и повод,
Воље и снаге, и средства да чиним!
Примери као земља очевидни
Опомињу ме. Сведочи војска та,
Толика сила и спрема под воћством
Отменог једног, нежног краљевића,
Чији дух божанским понет частољубљем
Невидљивоме исходу се руга
Излажућ што је смртно, несигурно,
Свему што срећа, смрт, опасност сме –
А све за једну љуску од јајета.
Бити велик није рад велика циља
Кренути се, него с величином моћи
За једну сламку кренути у борбу,
Кад је на коцки част. А шта сам ја,
Што имам оца убијеног, мајку

Осрамоћену, све подстреке крви,
Разума, па пуштам да ипак спава све;
Док, на срамоту моју, видим смрт
Над главом ових двадесет хиљада,
Који за једну ћуд, за сенку славе,
Гробницама иду као постељама;
Бију се за комад земље на ком војска
Не може њина окушати бој,
Нит има доста простора за гроб
Свих погинулих. – Одсад нек будете
Крваве, мисли, ил без сваке мете!

(Оде)

СЦЕНА ПЕТА

Елсинор. Соба у замку

(Улазе Краљица, Хорацио и један племић)

КРАЉИЦА: Ја не могу сада да говорим с њом.
ПЛЕМИЋ: Она је упорна, ил боље растројена;
      Њено је стање жалосно веома.
КРАЉИЦА: Па шта би хтела?
ПЛЕМИЋ: Она говори
      Много о свом оцу; каже како чу
Да у свету има подвала, па хуће;
У прса се бије, па мрско отура
      Ногом и сламке; прича ствари све
      Сумњиве и тако с пола смисла тек.
      Говор њен није ништа, ал обликом
      Неодређеним гони слушаоце
      На мисли; они му траже смисао,
      Дајући речма мисли сопствене,
      Што слажући се с њеним покретима,
      Чине да човек помисли: ту има

Неко зло, иако ништа посигурно.
ХОРАЦИО: Добро би било говорити с њом;
   Јер посејати може опасне
   Смерове у душе што смишљају зло
КРАЉИЦА: Уведите је овамо.

(Племић излази)(За себе)

Z B O R N I K

КЊИЖЕВНОСТ ЈЕ ВЕЧНА

ТРАЈЕ ДОК ЈЕ СВЕТА И ВЕКА

2015.

Садржај

CIP - Каталогизација у публикацији - Народна библиотека Србије, Београд

821.163.41-1(082.2)
821.163.41-36(082.2)
821.163.41-3(082.24)(082.2)
821-82(082.2)

ЛЕПОТА писане речи : зборник / [главни и одгловорни уредник Будимир Стојковић]. - Београд : Удружење писаца Србије и окружења, 2015 (Београд : Пхармалаб). - 158 стр. : слике аутора ; 24 cm

Тираж 100. - Стр. 5-6: Предговор / Војислав Стаменковић. -
Биобиблиографски подаци о ауторима уз текст.

ISBN 978-86-89897-07-4
1. Стаменковић, Војислав [главни и одговорни уредник] [аутор додатног текста]

COBISS.SR-ID 219568140

www.ingramcontent.com/pod-product-compliance
Lightning Source LLC
Chambersburg PA
CBHW080821020726
47501CB00009B/2368